Jules HURÉ

INGÉNIEUR CIVIL DES MINES

Les Assises Sociales Universelles

De la connaissance de l'Homme

> Pour aimer l'homme il faut quitter cette vanité qu'il est fait à l'image de Dieu, et partant l'apprécier pour les seules vertus que sa nature spécifique lui accorde, non pour celles que notre idéalisme voudrait qu'il pût avoir.
>
> J. H.

PARIS

SOCIÉTÉ FRANÇAISE D'IMPRIMERIE ET DE LIBRAIRIE

ANCIENNE LIBRAIRIE LECÈNE, OUDIN ET Cⁱᵉ

15, rue de Cluny, 15

1910

Les Assises Sociales Universelles

Jules HURÉ

INGÉNIEUR-CIVIL DES MINES

Les Assises Sociales Universelles

De la connaissance de l'Homme

PARIS

SOCIÉTÉ FRANÇAISE D'IMPRIMERIE ET DE LIBRAIRIE

ANCIENNE LIBRAIRIE LECÈNE, OUDIN ET Cie

15, rue de Cluny, 15

1910

Pour aimer l'homme, il faut quitter cette vanité qu'il est fait à l'image de Dieu, et partant l'apprécier pour les seules vertus que sa nature spécifique lui accorde, non pour celles que notre idéalisme voudrait qu'il pût avoir.

J. H.

17 juillet 1908.

Assises Sociales Universelles

I

Les droits de l'homme dans la société nouvelle.

En dehors de leurs obligations d'ordre économique, qui ressortissent à leurs fonctions
sociales et que règle la loi universelle du
travail ;

En dehors de leurs obligations d'ordre moral,
qui ressortissent aux principes de la morale rationnelle et que règle la loi d'harmonie de sociabilité ressortissant elle-même à la loi d'harmonie universelle ;

En dehors de leurs obligations d'ordre social,
qui ressortissent aux lois de la solidarité et au

principe universel du « moindre effort », répartissant entre eux les risques de chômage, d'accidents, de maladies, etc., coordonnant leurs efforts individuels en vue d'accroître leur rendement industriel collectif, etc. :

La société *ignore* les individus dans leur personne, dans leur pensée, dans leurs associations, et les libère à tous égards des contraintes dites de préjugés dans l'ordre physique comme dans l'ordre moral.

27 décembre 1907.

II

La devise de la société nouvelle.

La loi essentielle d'harmonie universelle,
c'est-à-dire la loi de pure beauté qui règle les
rapports de sociabilité entre les hommes et plus
généralement entre l'universalité des individus conscients ou inconscients du monde phénoménal, doit être, à l'égard de la société humaine, la seule génératrice de toute morale
rationnelle.

Or, cette loi s'exerce naturellement en nous
par la conscience physique (*instinct*) et par la
conscience morale (*conscience proprement dite*) ;
en sorte que pour la servir il faut et il suffit
que nous nous tenions en règle avec notre
double conscience.

Et cela libère précisément l'humanité d'un
grand nombre de faux devoirs et de vaines mortifications qui ne reposent d'ailleurs le plus
souvent que sur la seule tradition, c'est-à-dire

1*

sur une base essentiellement fragile comme est toute institution humaine.

Mais le bien est une des vertus du beau. L'idée de beau implique donc aussi l'idée de charité absolue, c'est-à-dire de charité exempte de tout calcul égoïste et par conséquent de tout espoir de récompense autre que la joie du cœur ; elle implique, en outre, l'idée de justice.

La morale rationnelle, qui ressortit exclusivement à la loi d'harmonie, c'est-à-dire à la loi du beau, a ainsi pour devise essentielle « *Charité, Justice, Liberté* », et c'est par conséquent cette devise que la société nouvelle doit graver au frontispice de ses temples :

Faire une caresse au pauvre cerf qui s'abat sous les coups de dents d'une meute acharnée, saisir son dernier regard, c'est obéir à la loi d'universelle harmonie ; apporter un secours au pauvre chien errant qui se meurt de faim et de froid, charmer son regard par un regard d'amitié, c'est encore obéir à cette même loi.

Mais en quoi et pourquoi faudrait-il arracher les rosiers de nos jardins pour semer des ronces à leur place ?

La morale rationnelle doit, au contraire, enseigner indistinctement aux hommes l'obéissance aux lois de la conscience physique et de la conscience morale. C'est seulement cette obéissance, en effet, qui peut permettre aux hommes de demeurer dans l'état de bien-être à la fois physique et moral et, partant aussi, de devenir de plus en plus heureux sur la terre, car la recherche du bien-être entraîne nécessairement celle du mieux-être, puisqu'elle est commandée par la loi du progrès qui est une loi *de nature* conséquente de la loi d'universelle évolution :

Enfants, je ferai des chansons et je les chanterai pour vous apprendre à les chanter vous-mêmes. Jeunes filles, je planterai des rosiers et je les cultiverai pour que vous y puissiez cueillir des roses.

23 juillet 1907.

III

De la tradition.

Quelque surprise, quelque chagrin même que cette pensée puisse *à priori* nous causer, nous devons bien admettre cependant que la tradition, lorsqu'elle est absolue et sans restrictions, est l'ennemie incontestable du progrès social et qu'elle a toujours rempli l'histoire de crimes innombrables. Ce qui évolue ne peut, en effet, subsister. Or, en dehors des lois et des sentiments dits *de nature*, en dehors également des règles sociales qui en découlent, telles que celles qui reposent sur l'amour familial, on peut dire que tout évolue, même la conscience, même les mœurs.

N'est-il pas profondément absurde, par exemple, de prétendre qu'un homme de notre époque puisse penser et agir de la même manière qu'un homme qui aurait eu le même âge que lui il y a cinq siècles, alors que tout a évolué depuis cette époque ?

Par son intransigeance absolue, la tradition
devait donc tuer sans exception toutes les religions dogmatiques, car la volonté humaine
reste naturellement impuissante devant la loi
d'évolution, dans l'ordre moral aussi bien que
dans l'ordre physique, et doit fatalement périr,
en conséquence, toute institution humaine, si
noble qu'elle puisse être en soi, qui fait obstacle
à cette loi essentielle et immuable.

23 janvier 1908.

La vérité est extérieure à nous et notre sentiment ne
saurait par conséquent avoir aucun empire sur elle ;
nous pouvons assurément désirer qu'elle soit de telle ou
telle manière, mais elle n'en demeure pas moins ce qu'elle
est et, quelque déception qui puisse en résulter pour la
poésie humaine, le rôle de la raison supérieure est, je
ne dis pas de divulguer inconsidérément la vérité aux
profanes, du moins de la rechercher partout où elle se
trouve pour pouvoir atteindre ainsi de plus en plus à la
meilleure connaissance des lois de ce monde, quelles
qu'elles soient.

IV

Peuple, méfie-toi de la tradition.

La destinée normale du monde finit toujours par s'accomplir dans un progrès perpétuel envers et contre toute réaction, envers et contre tout préjugé et, à part les sentiments qui émanent d'une loi immuable de nature comme est, par exemple, la loi d'amour familial, on peut dire que tout évolue, aussi bien dans l'ordre moral que dans l'ordre physique.

Toute tradition qui ne repose pas exclusivement sur un sentiment de nature est par conséquent fausse, voire même immorale, puisqu'elle est contraire à l'ordre universel ; or, cela revient à dire qu'il y a pratiquement morale et morale, telle étant fausse qui s'applique sans nulle restriction à entraver l'évolution, telle autre étant rationnelle qui sait, au contraire, concilier dans tous les cas les exigences de la tradition avec celles de l'évolution.

Il y a d'ailleurs naïveté ou vanité à vouloir

arrêter l'évolution sous couvert de tradition, et c'est précisément parce que toute lutte à cet effet est forcément stérile que les religions dogmatiques, qui s'y appliquent toutes, s'épuisent et s'effondrent d'elles-mêmes avec le temps.

Au reste, il y a deux pôles dans le monde où se portent à l'un ceux qui ont de la fortune, à l'autre ceux qui n'en ont pas ; en sorte que pratiquement il y a aussi deux morales qui sont nettement antagonistes : la morale du riche et la morale du pauvre. Toute morale par conséquent qui est faite exclusivement pour les habitants de l'un de ces deux pôles ne peut qu'asservir à ceux-ci les habitants de l'autre pôle. Or, si l'on va au fond des choses, il est aisé d'observer que ce caractère égoïste existe chez la plupart des religions dogmatiques et qu'il est d'autant plus accentué que ces religions sont politiquement plus puissantes : sous couvert de haute morale, celles-ci n'ont, le plus souvent, en effet, d'autre objet que d'imposer au peuple une tradition destinée à assurer la suprématie des classes bourgeoises sur les classes pauvres.

Ce n'est pas cependant que ces religions aient été instituées dans ce but exclusif; il est avéré, au contraire, que la haute pensée philosophique de leurs fondateurs a été l'établissement d'une morale une, indivisible et de toute justice par conséquent, non pas d'une morale exclusive de caste et que c'est seulement leur asservissement ultérieur au pouvoir temporel ainsi que probablement la routine et surtout l'ignorance de leurs prêtres qui ont changé leur orientation primitive.

La tradition absolue n'est donc pas seulement une erreur sociale ; elle est encore une trahison à l'égard du principe même de justice, qui est la base de toute morale pure, puisqu'elle se consacre quasi exclusivement à la cause sociale des castes supérieures, alors que la vraie tradition doit aider, au contraire, la volonté évolutrice dans tous les efforts qu'il est précisément dans sa fonction essentielle de faire sans distinction de classes pour assurer le progrès social universel et partant pour émanciper le prolétariat, non pas pour l'assujettir à une condition inférieure. Or, si, à cet égard, de nombreuses institutions sociales méritent justement l'immutabilité que réclame la tradition religieuse, il en est d'autres, nombreuses aussi, qui appartiennent au progrès quotidien et qui par cela même échappent à la tradition, au point qu'il est permis de dire que vouloir la tradition en général, c'est-à-dire en tout et pour tout sans aucune réserve ni restriction, c'est vouloir en même temps le bien et le mal.

Peuple, méfie-toi de la tradition car elle est faite, le plus souvent, de la morale du riche et l'histoire est pleine de ses crimes à ton égard ; sache surtout qu'au regard de l'absolu la loi d'amour comporte un droit naturel de réciprocité et que, s'il faut que tu aimes pour que l'on t'aime, tu ne dois, en revanche, l'amour qu'à celui qui t'aime.

6 février 1908.

La force d'inertie est la résistance qu'oppose la matière inerte au mouvement. Or, la tradition absolue est à l'homme auprès du progrès ce que la force d'inertie est à la matière inerte auprès du mouvement.

V

La raison combattive.

La raison combattive a pour attributions de préparer le progrès social et de combattre, à cet effet, toute institution qui fait obstacle à l'évolution normale des idées et des mœurs.

Elle doit donc être puissante pour pouvoir lutter utilement, et cela l'oblige en conséquence à rechercher l'appui des partis politiques influents qui se rapprochent le plus de ses principes généraux.

Or, ces partis politiques seront certainement imbus pour la plupart d'idées sectaires, et leur fréquentation l'exposera par conséquent à en subir l'influence pernicieuse.

Mais ce doit être précisément sa vertu que de savoir concilier son indépendance avec son attachement à ces partis par une tolérance de pure diplomatie qui établisse entre elle et eux un rapport harmonique parfait de sociabilité.

Au reste, la raison combattive doit constituer

elle-même un parti, celui du bon sens, et partant elle doit combattre le préjugé dans tout ce qu'il a d'outrageant au bon sens et quelque politique sous laquelle il se couvre. A ce seul titre d'ailleurs elle peut espérer rallier toujours à son jugement, sinon ouvertement, du moins tacitement l'universalité des suffrages conscients.

25 décembre 1907.

La vraie politique, c'est-à-dire la politique de pure équité, doit être faite à la fois de désintéressement pour soi et de charité pour autrui ; celui qui au contraire ne veut le bien pour autrui que parce qu'il le veut avant tout pour soi est indigne de commander aux hommes, car sa politique, étant intéressée, est forcément partiale ou sectaire et partant fausse au regard de l'absolu.

VI

La raison en face du préjugé.

Dans une très grande proportion, les hommes ne sont que de simples girouettes que l'ambiance sociale mène le plus souvent dans des directions tout à fait contraires à celles que leurs propres aspirations leur eussent fait prendre naturellement ; ils appartiennent ainsi entièrement aux préjugés sociaux et n'ont par conséquent aucune indépendance d'esprit.

Or, la peur qu'ils ont du monde, c'est-à-dire la peur de la rumeur publique, fait perdre, le plus souvent, à ces hommes de préjugés jusqu'au sentiment de leur propre dignité de conscience, au point même qu'ils en arrivent parfois à commettre des actes qu'en leur for intérieur ils réprouvent.

Combien de pères, par exemple, n'ont-ils pas chassé leur fille du toit familial pour une première faute, tout simplement sous l'empire de cette peur et malgré qu'ils tinssent le pardon dans leur cœur !

Qu'on le sache donc : la vertu morale n'est presque toujours qu'hypocrisie dans le monde, et c'est bien plutôt l'envie haineuse qui y règne que l'amour ; à telles enseignes même, peut-on dire, que c'est bien moins dans ce qui leur arrive de positivement heureux à eux-mêmes que dans le malheur ou tout au moins dans le déplaisir qui arrive aux autres que les hommes, pour la plupart, trouvent leur plus grand bonheur.

Aussi devons-nous toujours, en de pareils cas où le bonheur de notre vie familiale est en jeu, éviter de nous laisser aller ainsi à des actes irréparables par peur de la rumeur publique et n'obéir, au contraire, qu'au seul jugement réfléchi de notre propre conscience.

Mais la peur du monde peut encore, comme par une sorte d'affolement, agir d'une manière tout opposée auprès des petits esprits lorsqu'ils se trouvent malgré eux sciemment et ouvertement en défaut, dans leur vie privée, avec le préjugé établi. Chose curieuse, en effet, ces hommes bravent presque toujours l'opinion publique en ce cas avec d'autant plus d'ostentation qu'ils souffrent davantage de se trouver en butte à elle ; en sorte qu'ainsi leur bravade est entièrement faite d'hypocrisie et que leurs faits et gestes ne sont que les manifestations d'un pur dépit qui les pousse précisément à exagérer, parfois même jusqu'au scandale, l'irrégularité ou la folie de leur conduite privée.

Aussi ces hommes sont-ils un grave danger pour l'ordre social, surtout lorsqu'ils possèdent quelque notoriété et qu'ils se mêlent d'écrire ou de faire de la politique. Ils s'efforcent toujours, en effet, de circonvenir les profanes par de faux arguments pour les amener à partager ou tout au moins à approuver leur morale, afin de se créer ainsi un milieu social qui les justifie de ce que leur propre conscience taxe elle-même d'immoralité. Or, l'éloquence persuasive peut réussir, très souvent, à abuser les esprits crédules au point de les entraîner, même avec des arguments contraires à la raison ou au bon sens, et c'est en cela que ces faux libertaires sont un danger social ; traîtres par lâcheté à leur conscience, ils sont d'ailleurs les premiers à se repentir lorsque leurs conditions sociales viennent à leur permettre de reprendre leur plein équilibre auprès des préjugés sociaux.

L'homme fort, c'est-à-dire l'homme de pure raison, se libère toujours, au contraire, du préjugé sans aucune ostentation ni bravade, parce qu'il n'écoute que sa conscience et sa raison, et qu'il agit en toute franchise comme en toute indépendance. Or, c'est cette attitude, à la fois fière et humble, mais droite à l'égard de la conscience, qui sauvegarde précisément sa dignité morale, parce que le bon sens populaire finit toujours par reconnaître et par approuver la droiture des pures manifestations de la conscience, à quelques irrégularités qu'elles entraînent au regard de l'ordre moral établi.

20 décembre 1907.

L'homme fort, c'est-à-dire l'homme de pure raison, s'il veut faire métier de moraliste ou de psychologue, en toute indépendance d'esprit, doit s'extérioriser du monde par la pensée, autrement dit il doit cacher sa vie aux autres hommes ou tout au moins vivre avec eux dans l'incognito absolu comme parmi une foule entièrement anonyme ; seulement ainsi, en effet, il peut tenir son esprit entièrement à l'abri des contingences sociales, physiques ou morales, et lui permettre en conséquence d'observer les mœurs en toute liberté et de les juger en toute conscience, c'est-à-dire à l'abri de toutes influences de préjugé, de milieu ou de parti.

VII

Le secours du préjugé.

Pour échapper totalement au préjugé il faudrait n'avoir ni parents ni amis ni même simples connaissances, être en quelque sorte sans
patrie, sans famille, sans nom et se tenir. le
visage caché sous un masque.

Or, la vanité étant en grande partie la seule
dispensatrice du préjugé et consistant dans la
présomption qu'ont les gens de se croire tous
indistinctement supérieurs les uns aux autres,
si demain un règlement de police leur inter-
disait, aux hommes comme aux femmes, de
sortir de chez eux le visage nu, il est à supposer qu'ils n'auraient bientôt plus de préjugés, puisque l'anonymat les empêcherait de
se distinguer les uns des autres. En revanche,
pour ce qui est des mœurs, les grandes capi-
tales n'auraient certes bientôt plus rien à en-
vier au paradis de Mahomet sous un tel régime,

car l'hypocrisie disparaîtrait presque aussitôt du même coup.

Serait-ce un bien ? Serait-ce un mal ?

Ce serait à coup sûr la fin du puritanisme ; mais aussi ce serait sans doute la consécration officielle de la chiennerie universelle et peut-être, en conséquence, la perte du foyer ainsi que la destruction de la famille.

S'il n'y avait plus aucune retenue morale contre le libertinage, il semble bien, en effet, que l'homme dût s'abandonner fatalement à son instinct polygamique.

Cependant il serait désirable que l'on en pût faire la preuve, car si, par extraordinaire, l'expérience venait à prouver d'une manière incontestable que le foyer et la famille n'auraient nullement à souffrir de ce libertinage parce que l'amour familial suffirait toujours pratiquement à leur sauvegarde, il s'ensuivrait logiquement que le système de l'anonymat mériterait une véritable consécration officielle pour la raison qu'étant destructeur de la vanité et du préjugé il accorderait à l'homme plus de libertés, puisqu'il libérerait sa chair d'une mortification reconnue dès lors abusive et partant sans profit physique ni moral pour lui.

Quoi qu'il en soit, à défaut d'une expérience tout à fait concluante, et malgré l'avantage éventuel que cette pratique de l'anonymat est susceptible d'offrir, nous la rejetons formellement parce que nous croyons pouvoir justement lui reprocher d'avoir contre elle l'inconvénient bien supérieur d'être destructive du foyer et de la famille que d'instinct nous voulons avant tout sauvegarder en tant que fondements essentiels de la société humaine.

Mais, dès lors, nous sommes obligés, en compensation, de faire le sacrifice partiel de nos libertés au profit du préjugé, parce qu'il est incontestable que dans ces conditions la meilleure police des mœurs est encore celle que le public peut exercer lui-même par le préjugé.

Ainsi le mal, sous l'espèce ici du préjugé, se montre une nouvelle fois le soutien indispensable du bien, c'est-à-dire, dans l'exemple précédent, le soutien de la vertu familiale qui est la plus précieuse de toutes les vertus humaines. Et, en conséquence, la loi du contraste apparaît, elle-même, bien plutôt comme une loi indispensable de progrès que comme cette loi d'épreuve ou de pur antagonisme stérile que proclame le dualisme religieux.

Or, après tout, n'est-il pas dans la fonction essentielle et normale du progrès d'entraîner toujours l'homme de vive force vers le mieux-être social en l'aiguillonnant sans répit de la pointe acérée du mal-être pour qu'il ne s'endorme pas dans l'oisiveté conservatrice ou décadente ?

4 juin 1909.

Toute poussée de l'évolution sociale constitue un progrès et détermine un mieux-être social ; tout recul de l'évolution constitue, au contraire, une décadence et détermine un malaise social.

VIII

Le critérium de la vérité sociale.

En fin de compte, on doit tenir pour à peu près certain que dans la vie sociale les petites gens ne peuvent point échapper à la contrainte du préjugé, parce qu'ils sont obligés de vivre comme tout le monde, au risque, dans le cas contraire, de faire péricliter leur commerce ou d'être l'objet de la risée de tous.

Pour échapper au préjugé, il faut donc avoir tout d'abord une indépendance quasi absolue que seule peut procurer la fortune ou tout au moins l'aisance qui assure le strict nécessaire ; il faut avoir ensuite une situation sociale qui impose le respect au vulgaire ; enfin, et surtout, il faut posséder un caractère assez fort pour dédaigner sans en souffrir, sans même y prendre garde, l'opinion publique, et c'est cela précisément qui est le plus difficile, l'impossible, peut-on dire, pour les esprits ordinaires : pour ignorer l'opinion publique il faut, en effet, s'extérioriser, moralement tout au moins, de la vie sociale, c'est-à-dire se tenir dans un état qui laisse dans l'indifférence quasi absolue de l'offense aussi bien que de l'adulation des hommes, tout comme s'ils appartenaient à une autre espèce animale que soi.

Mais dans un tel état l'homme est, en revanche, incapable de mépriser une chose qui n'est pas méprisable en soi, et c'est pourquoi le mépris qu'il peut alors manifester pour telle ou telle règle sociale est une indication certaine que cette règle est fausse et partant aussi un critérium parfait de la pure vérité sociale.

Or, l'exemple vaut toujours mieux que le meilleur sermon lorsqu'il est tenu pour sincère; tout homme, auquel sa haute notoriété permet de tuer le préjugé par la seule autorité de son exemple, doit donc se considérer comme un apôtre désigné du progrès social et s'imposer comme un devoir sacré, au regard de l'absolu, de régler sa vie de manière à servir ainsi d'exemple aux faibles, afin de les amener à se libérer eux-mêmes peu à peu du préjugé qui les opprime, au physique comme au moral.

23 juillet 1908.

1***

IX

Le devoir social devant la raison.

La richesse d'un pays n'est pas simplement dans l'abondance de son numéraire, mais encore dans la rapidité et dans la permanence avec lesquelles s'opère la circulation de ce numéraire dans les diverses branches de son industrie et de son commerce propres ; son coefficient de stabilité, d'autre part, est représenté par le rapport suivant lequel entre dans le travail total qu'elle occasionne le travail qui, directement ou indirectement, est productif des choses indispensables à la vie, comme le sont, par exemple, les produits agricoles ou, indirectement, les machines agricoles.

Aux points de vue qui précèdent, l'État semblerait être le régulateur principal du régime économique d'un pays, tant il contribue dans une proportion considérable à y activer d'une manière intense et permanente la circulation du numéraire : en raison des sommes énormes qu'il prélève sous forme d'impôts et qu'il restitue presque aussitôt après à l'industrie et au commerce, il fait, en effet, fonction, auprès du pays, de pompe aspirante et foulante, à la manière du cœur dans un organisme vivant.

Certes ce rôle actif que joue ainsi l'État dans l'établissement du régime économique du pays présente un avantage incontestable ; le malheur est cependant que l'activité qui en résulte soit le plus souvent nulle ou à peu près en résultats positifs, c'est-à-dire en acquis vraiment utiles au bien-être général.

A n'envisager, je suppose, que l'armée et la marine militaire dont les dépenses forment la plus grosse part du budget de toutes les grandes nations, n'est-il pas irrationnel, insensé même, que ces institutions, si ruineuses et si peu productives de résultats positifs, soient aussi nécessaires qu'elles le sont effectivement à l'heure actuelle ?

Si, au lieu de piocher la terre pour y faire pousser le blé, le paysan employait tout son temps à affûter sa faulx pour être en mesure de se défendre à tout moment contre son voisin qui lui ferait la guerre, il accomplirait certainement un travail utile, puisqu'il assurerait ainsi sa propre sécurité ; mais combien ce travail serait cependant ruineux pour l'économie de sa maison aussi bien d'ailleurs que pour celle de son ennemi ! Or, il semble que si la raison a été donnée aux hommes, ce doive être pour qu'ils l'emploient bien plutôt à se solidariser contre les forces naturelles qui leur font obstacle qu'à accroître leurs misères par des luttes intestines.

Certes, tant que cet accord ne sera pas établi entre eux, les hommes devront se tenir sur un qui-vive perpétuel les uns à l'égard des autres et continuer d'affûter leurs faulx pour rester armés ; mais n'empêche qu'ils feront ainsi une œuvre insensée en soi et que la raison n'acceptera comme un devoir qu'en se faisant honte à elle-même. Semer un grain de blé pour récolter un épi, voilà un exemple des devoirs sociaux que la raison enseigne à l'homme matériel. Cultiver les sciences et les arts, faire chanter les muses et proclamer universellement la loi du beau et du bien, faire œuvre divine en un mot, voilà les devoirs moraux que la raison enseigne, d'autre part, à l'homme intellectuel.

Mais cette multiple activité que recommande

la raison est exclusivement productrice du
beau et du bien, au physique comme au moral ;
par contre, il n'est pas d'institution, si louan-
gée qu'elle puisse être par la tradition ou par
le préjugé, que la raison ne combatte d'instinct
lorsque cette institution n'est productrice ni du
beau ni du bien, ou, tout au moins, lorsqu'elle
est malgré cela nécessaire à la défense nationale, dont elle n'attaque le principe fondamental qui constitue précisément la cause essentielle de sa nécessité.

27 janvier 1909.

La recherche du mieux-être physique et moral, au
profit de l'universalité du monde phénoménal de leur
propre ambiance, est la seule obligation sociale qui
puisse justement faire loi aux hommes, et cette règle ne
souffre exception ni en faveur du préjugé ni en faveur de
la tradition, quelque crédit qu'on ait coutume d'accorder
à l'un ou à l'autre.

X

Du caractère apparemment égoïste de la loi du progrès social à l'égard des individus.

On peut tenir pour règle générale que dans la vie sociale et vulgaire l'altruisme repose presque exclusivement sur le besoin qu'ont les hommes de s'entr'aider mutuellement et que l'intensité de ce besoin donne précisément la mesure du sentiment d'altruisme qu'il leur est possible d'acquérir.

C'est pourquoi tout danger qui vient à menacer une collectivité d'individus en les obligeant par cela même à former bloc contre lui peut être tenu pour éminemment profitable, nécessaire même, au progrès social de cette collectivité, et d'autant plus que ce danger est plus redoutable.

Or, dans ces conditions, le progrès social semble bien s'accomplir exclusivement aux dépens des individus, abusivement même, pourrait-on dire, puisqu'il les condamne à supporter tout le choc des luttes nécessaires à son développement et à subir par conséquent les dommages qu'entraînent ces luttes.

Le progrès se servirait donc en quelque sorte des générations actuelles comme d'un tremplin pour prendre son élan, et comme s'il n'avait même pour objectif que de préparer une meilleure condition sociale aux générations futures, celles-ci devant être d'ailleurs elles-mêmes sacrifiées tour à tour d'une manière analogue, de génération en génération, de progrès en progrès.

Qu'on ne se hâte pas toutefois d'en conclure que ces générations successives seront nécessairement dupes les unes des autres en se léguant ainsi une tâche perpétuelle qui semble apparemment ne devoir leur laisser aucun profit positif pour elles-mêmes.

D'abord, si à chaque progrès accompli succède habituellement chez tous les peuples un besoin irrésistible de progrès nouveaux à accomplir, cela implique l'existence en eux d'un désir essentiel et perpétuel de mieux-être. Or, en outre que la satisfaction d'un désir essentiel, à quelque sacrifice qu'il entraîne, est déjà un bonheur réel, le progrès accompli est toujours profitable à ses auteurs, sinon matériellement, du moins moralement : au fur et à mesure, en effet, que les hommes s'élèvent au-dessus de leur niveau social primitif, et quelque sacrifice que ce progrès leur coûte, l'horizon de pure beauté s'élargit de plus en plus devant eux, en même temps que plus de lumière divine les imprègne, c'est-à dire plus de conscience morale.

Au surplus, il faut bien admettre, et l'histoire est là pour en fournir la preuve, que le progrès s'accomplit toujours par des moyens qui sont de moins en moins violents, de moins en moins barbares. Or, c'est précisément en quoi consiste le profit positif, qui constitue le lot principal de mieux-être matériel ou tout au moins de moindre sacrifice, que recueillent de plus en plus pour elles-mêmes les générations successives dans leurs luttes perpétuelles pour le progrès social auxquelles les condamne l'éternelle évolution.

En sorte que la loi du progrès n'apparaît plus dès lors, au physique comme au moral, avec le caractère purement égoïste qu'elle semblait avoir au premier abord à l'égard des individus.

Quoi qu'il en soit, il faut bien malheureusement conclure de ces considérations que, malgré l'horreur des misères et des ruines qu'elles causent momentanément, les grandes guerres doivent être tenues pour éminemment profitables au progrès social des peuples lorsqu'ils sont dans l'état barbare ou même simplement dans cet état semi-barbare où se trouvent presque universellement encore aujourd'hui ceux qui sont réputés les plus civilisés parmi les peuples modernes ; grâce précisément aux frayeurs qu'elles leur inspirent et qui les obligent à s'unir étroitement pour leur défense, elles développent, en effet, et affermissent au plus haut point chez eux le sentiment d'altruisme sans lequel l'égoïsme le plus absolu régnerait sur la terre et avec lui conséquemment la force brutale, contre tout droit et contre toute justice.

28 novembre 1908.

Tout événement naturel qui oblige les peuples à s'unir entre eux, pour se défendre contre un danger commun ou pour soutenir un idéal commun, développe en eux le sentiment d'altruisme universel, tandis qu'il détruit, en revanche, ou tend à détruire le sentiment de l'amour pour la patrie. Or, il semble bien que de nos jours l'humanitarisme soit l'idéal commun qui doive rallier prochainement le prolétariat du monde entier pour la grande et suprême lutte contre le bourgeoisisme traditionaliste. Cette situation marquera dès lors un tournant brusque de l'histoire sociale des peuples et ouvrira finalement sur le monde une ère de moindre barbarie et de plus grande justice où la force servira le droit au lieu de le primer.

XI

Dette de gratitude des individus envers la société.

Lorsque vous suivez une foule en marche, si vous vous arrêtez brusquement, votre voisin d'arrière se heurtera immanquablement contre vous, et pour la même raison tous ceux qui viennent après lui se heurteront successivement l'un contre l'autre. Ainsi par un acte insignifiant en soi vous aurez cependant produit une perturbation qui aura gêné tout le monde, sans qu'en revanche il en soit résulté aucun profit pour vous ni pour personne.

Or, cet exemple est pour bien montrer que tout homme qui vit en société et qui se trouve par conséquent dans un courant social ne peut prétendre à une indépendance absolue comme celle qu'il pourrait avoir s'il vivait seul, je suppose, dans une île déserte; une telle indépendance est, en effet, irréalisable dans la société moderne, car eût-on la vie bourgeoise la plus recluse que l'on profiterait quand même de l'ordre public établi, puisque c'est lui qui assure la paix sociale sans laquelle la propriété individuelle ne saurait être sauvegardée. Ne serait-ce donc qu'à ce seul titre, nous serions déjà redevables à la collectivité sociale d'une immense gratitude. Mais notre dette de gratitude serait incalculable s'il fallait en rechercher tous les motifs, et c'est elle précisément qui fixe nos devoirs sociaux et humanitaires.

Cependant la bourgeoisie moderne, qui est surtout la bourgeoisie de l'argent, se confine le plus souvent dans un parasitisme quasi absolu et cherche même à s'isoler du peuple, bien plutôt qu'à s'en rapprocher, tirant vanité de sa condition aisée, au lieu d'en profiter pour se rendre utile, pour faire le bien. Et que l'on ne croie pas qu'il suffise, pour s'acquitter de sa dette humanitaire, de payer un simple tribut en espèces ; il est maints secours, en effet, qui ne se peuvent rendre de cette manière, surtout dans l'ordre moral. Or, qui ne fait pas le bien, ayant les moyens et les loisirs de le faire, fait le mal et partant est coupable au regard de l'ordre social.

29 janvier 1909.

L'égoïste n'apprécie l'action qu'au seul profit positif

qu'il doit en retirer, et pourvu par conséquent qu'il y voie
un intérêt il fera indifféremment le bien ou le mal. L'al-
truiste, au contraire, n'apprécie l'action qu'autant qu'elle
est profitable à autrui et il consent même au sacrifice de
son propre bonheur pour le bien public, pratiquant ainsi
la morale transcendante du « bien pour soi par le bien
pour les autres ».

XII

L'apanage de la conscience.

Pour assurer l'ordre moral dans la société humaine il n'est pas de meilleur moyen que de créer des groupements sociaux qui établissent une solidarité positive entre leurs membres, parce qu'il se dégage toujours de ces associations une autorité morale collective ou résultante à laquelle il est beaucoup plus difficile de désobéir qu'à la seule conscience et qui par cela même peut suffire en bien des cas à paralyser la mauvaise foi. Beaucoup d'hommes, en effet, sont retenus dans l'honnêteté bien plutôt par la crainte de la rumeur publique que par les scrupules de leur propre conscience, et l'honnêteté est ainsi le plus souvent pour eux une vertu sociale dont le mérite est tout simplement relatif au crédit que la société lui accorde.

Assurément ces groupements sont une entrave à la liberté individuelle, parce qu'ils sont des foyers de préjugés ; mais la liberté ne doit-elle pas être la récompense suprême de la vertu morale et partant l'apanage exclusif de la conscience ?

Or, hélas ! combien peu d'hommes à ce titre méritent la liberté !

15 janvier 1909.

La sagesse consiste pour l'homme de raison à régler tous ses actes physiques et moraux sur les seuls commandements de la grande loi essentielle d'harmonie universelle, de manière à n'obéir exclusivement qu'aux préceptes de la conscience physique et de la conscience morale dont les voix sont précisément celles de la sagesse universelle.

XIII

La tache originelle.

C'est par le cérémonial seul que la morale
d'autorité a pu s'imposer aux masses et maintenir jusqu'à nos jours son prestige sur elles.

La morale de raison, avec sa franchise et
son humilité, reste, en effet, presque toujours
désarmée et impuisante contre le « bluff » de
l'autre.

Quelque amour, par exemple, que vous puissiez avoir pour votre pays natal, c'est en vain
que vous chercheriez à l'embellir physiquement et moralement par pur amour du beau
si vous y fûtes pauvre ; personne ne vous suivrait, parce que vous seriez sans aucune autorité morale : au regard du vulgaire, l'humilité
de naissance est une tache originelle indélébile
qui désarme même la pure raison et la rend
impuissante.

Le respect qui s'attache à la robe du juge
aussi bien qu'à la soutane du prêtre donne la

mesure de la toute-puissance du cérémonial sur l'ignorance et la crédulité.

Prenez un voleur à votre service, habillez-le en bourgeois et faites-en votre porte-parole : il réussira bien mieux que vous à se faire accréditer dans votre pays, pourvu qu'il y soit étranger et qu'il sache habilement jeter de la poudre aux yeux en ayant force belles manières.

Il faut à tout prix détruire ce préjugé néfaste et habituer le peuple à respecter la sagesse en soi, d'où qu'elle vienne ; le triomphe de la morale de raison sur la morale d'autorité est à ce prix.

16 août 1907.

La fierté noble dans l'humilité est une des plus belles vertus humaines et un gage des plus sûrs de parfaite honorabilité et de vraie grandeur d'âme.

2*

XIV

Base rationnelle de toute morale.

Un principe de morale n'est vrai et ne constitue un article de foi rationnelle que s'il repose
sur une loi immuable de nature ; dans le cas
contraire, il est faux et, s'il n'est pas qu'une
simple naïveté sentimentale, encore peut-il être
un danger en tant que source de préjugés
sociaux.

Malgré son caractère exclusivement sentimental, le christianisme a bien pu, il est vrai,
faire œuvre de civilisation, mais ce fut à une
époque de barbarisme où la raison, sans l'aide
du cérémonial religieux et des menaces de
l'au-delà, n'eût jamais pu vaincre toute seule
l'ignorance et les mauvais instincts des hommes. Déjà, de nos jours, peut-on dire que
c'est à la brusque disparition de la foi antique,
sous l'influence dissolvante du matérialisme,
qu'est due en grande partie la décadence morale
dans laquelle, momentanément sans doute,

sont tombés les peuples modernes encore trop insuffisamment acquis à la pure raison pour se pouvoir conduire eux-mêmes. Aujourd'hui, en effet, le christianisme n'existe plus qu'en surface, cependant que la conscience humaine, à peine libérée de la tutelle religieuse, est impuissante à la remplacer, précisément parce qu'elle a été déshabituée de toute initiative par cette tutelle multi-séculaire. Aussi, dans le désarroi moral qui s'ensuit, la vanité et l'égoïsme redeviennent-ils, comme aux temps barbares, les passions dominantes des hommes : chacun cherche à dominer son voisin, à l'écraser même, et mesure ainsi exclusivement son bonheur au malheur d'autrui ; tel, qui est misérable, éprouve même un bonheur tout relatif à paraître moins misérable que son voisin.

Mais est-ce bien là cependant le véritable bonheur ? Et peut-on atteindre ainsi aux suprêmes félicités sur la terre, tant physiques que morales ?

Assurément non, car le vrai bonheur est exclusivement dans la joie du cœur et il repose par conséquent entièrement sur l'amour, non pas sur la haine. L'amour est d'ailleurs commandé par la grande loi d'harmonie universelle qui commande elle-même à la conscience et règle ainsi le jeu de nos actes physiques et de nos actes moraux. Qui obéit donc à cette loi essentielle du beau et du bien demeure en règle avec sa conscience et se tient par conséquent dans l'état parfait de bien-être moral ; qui désobéit, au contraire, à cette loi, ne peut recevoir le vrai bonheur, ou bien le bonheur qu'il reçoit est-il toujours rempli d'amertume.

Mais assurément mieux que tout ce discours valent les renseignements fournis par la pratique elle-même du bien pour montrer qu'aucun bonheur égoïste ne peut égaler celui que ressent l'âme à l'accomplissement d'une œuvre de bien.

Qu'on le sache donc, le bonheur vrai n'est pas dans le bien que l'on se fait à soi-même, mais dans le bien que l'on fait à autrui.

Au surplus, cette formule est une loi immuable de nature, puisqu'elle ressortit exclusivement à la grande loi essentielle d'harmonie universelle ; elle est donc naturellement, à ce titre, la seule base rationnelle de toute morale.

7 avril 1908.

De la loi essentielle d'harmonie universelle découle la

loi d'amour, et c'est partant celle-ci qui règle exclusivement l'ordre social.

Or, le progrès social est dans l'ordre social et rien ne saurait faire obstacle au progrès. Toute société donc qui répudie la loi d'amour tombe fatalement dans le désordre et partant dans la décadence et la dissolution. A ce titre même la dissolution peut-elle être tenue sans aucun doute pour une justice immanente.

XV

Règles pratiques de morale rationnelle et positive.

La conscience physique ou instinct physique est notre guide dans l'ordre matériel comme la conscience morale ou instinct moral l'est dans l'ordre moral.

L'obéissance simultanée à ces deux consciences nous maintient dans l'état de bien-être à la fois physique et moral, parce qu'en même temps et conséquemment nous obéissons à la loi d'harmonie universelle qui règle précisément l'équilibre général du monde phénoménal avec les conditions de son ambiance universelle et qui, partant, ordonne l'harmonie de sociabilité entre tous les individus d'une même société. Réciproquement, si nous obéissons à cette loi, c'est-à-dire si nous servons la loi du beau et du bien, nous sommes certains d'être par cela même en règle avec la conscience physique et avec la conscience morale et partant

d'être dans l'état de bien-être physique et moral, c'est-à-dire dans l'état de bonheur parfait.

Nous rencontrons sur notre chemin un malheureux chien qui se meurt de faim ; comment
devrons-nous nous comporter envers cet animal aux conditions qui précèdent ?

Si nous le repoussons du pied parce qu'il
barre notre chemin, il hurlera de douleur et
peut-être nous mordra-t-il. Nous lui ferons
ainsi du mal, ce qui déjà ne saurait nous procurer la sensation du beau, et de son côté il
essayera de nous faire du mal aussi, ce qui, en
outre, constitue un réel danger pour nous ;
dans les deux cas nous n'aurons donc aucun profit à retirer, bien au contraire, de notre action.

Flattons ce chien, au contraire ; il nous
répondra par un regard d'amitié, et nous en
éprouverons sûrement du bonheur, car un
regard d'amitié est toujours sympathique et
préférable, en tout cas, à un regard de haine.
Ainsi j'éprouverai plus de bonheur à flatter ce
chien qu'à le frapper, d'où je conclus que
j'aurai intérêt à le flatter ; or, c'est précisément
ce que m'ordonne également ma conscience, qui
se trouve être ainsi pleinement d'accord avec
mon instinct d'égoïsme.

Tous les actes de notre vie sociale devraient être soumis à pareil examen et n'être accomplis que s'ils donnént ainsi satisfaction à la fois à notre égoïsme et à notre conscience, c'est-à-dire que s'ils profitent en même temps à la société et à nous-mêmes.

Au reste, cela nous conduit à rechercher le mieux-être universel sur la terre et partant à considérer notre vie terrestre comme un grand voyage qu'il est de notre devoir à tous de rendre aussi confortable que possible pour tout le monde, au physique comme au moral, et sans que, par conséquent, le bonheur des uns soit pris sur celui des autres.

Faire sortir de vive force les voyageurs d'un compartiment de chemin de fer et les obliger à se tenir debout dans le couloir du wagon pour pouvoir s'étendre soi-même tout à son aise sur la banquette, c'est assurément faire acte d'égoïsme, mais c'est montrer en même temps une très grande indignité de conscience.

Or, nous ne devons pas respecter simplement les lois de l'égoïsme, mais aussi celles de la conscience, si nous voulons satisfaire positivement aux conditions générales de l'harmonie de sociabilité envers autrui comme envers nous-mêmes ; en sorte que dans l'exemple précédent, si nous voulons nous procurer les mêmes aises nous devrons faire ajouter d'autres wagons au train, de façon que tous les voyageurs puissent en profiter également ; ainsi seulement nous ferons un acte de réelle sociabilité, parce qu'en même temps nous ferons le bien à autrui et à nous-mêmes.

Somme toute, c'est seulement lorsqu'il s'exerce aux dépens d'autrui que l'égoïsme répugne parce qu'alors il est antisocial, cependant que la société a pour objet, tout au contraire, d'opérer le groupement des individus afin de leur permettre d'unir leurs efforts à l'effet précisément d'alléger leur peine et de rendre leur vie plus facile que si elle était vécue isolément, c'est-à-dire que si aucun lien de solidarité ne les unissait les uns aux autres.

Mais est-ce à dire toutefois que pour y parvenir la même manière de vivre doive être universellement imposée aux individus ? Assurément non, car des moyens égaux sont généralement insuffisants pour équilibrer, dans une même ambiance sociale, deux individus quelconques pris au hasard, en raison de la trop grande différence d'aptitudes, de goûts et de caractères, au physique comme au moral, qui existe entre eux, le plus souvent.

Mais cela est possible avec les hommes qui ont à peu près les mêmes aspirations et le même esprit, partant les mêmes mœurs ; aussi ce sont ceux-là qui peuvent seuls avoir intérêt à se grouper ensemble pour former une même société ou une même patrie, parce qu'ayant à peu près les mêmes besoins, leurs efforts tendront naturellement toujours à s'exercer dans le même sens ou tout au moins dans un sens très rapproché.

La nature, au reste, a précisément procédé d'elle-même à ce groupement, depuis les temps les plus reculés de l'ère sociale, par la formation, spontanée en quelque sorte, des grandes familles sociales. Et c'est ainsi que les castes, de même que les nations, ont dû se former naturellement entre les individus qui possédaient une parenté physique et morale très voisine.

C'est pourquoi d'ailleurs ces groupements sociaux, en revanche, ne pourront disparaître, ou plutôt s'unifier, que lorsque le progrès social aura façonné d'égale manière les peuples encore disparates qui les constituent respectivement ou aura, du moins, orienté parallèlement leurs aspirations générales ; aussi, jusque-là, les sociétés étrangères devront-elles se borner à se laisser le chemin libre, sans chercher par conséquent à s'imposer, l'une à l'autre, leur morale propre.

En quoi, par exemple, dois-je me trouver offensé que mon voisin se marie ou non à l'église s'il ne cherche pas à m'imposer en même temps ses principes à cet égard ? Et qu'est-ce que cela peut bien me faire, au surplus, qu'il soit catholique ou protestant, voire même bouddhiste ou mahométan ?

Assurément ce sont les religions qui ont formé en grande partie les hommes et façonné leur cerveau ; c'est pourquoi ils ont aujourd'hui une tendance naturelle à se grouper par religions et à former ainsi des castes et des États tout à fait distincts.

Mais les religions s'unifieront, sans aucun doute, et lorsque ce progrès sera accompli les peuples seront bien près de s'unifier eux-mêmes.

*
* *

Cela n'empêchera pourtant pas qu'il y aura

toujours des gens qui aimeront mieux aller à pied qu'en voiture, ou inversement. Aussi convient-il que ceux qui préfèrent aller à pied s'unissent entre eux pour faire leur chemin à leur convenance et laissent les autres s'unir d'autre part dans un but analogue. Il serait même encore plus rationnel que les deux parties s'entendissent pour faire ensemble leur chemin, de manière à n'avoir à construire qu'une seule voie appropriée à ce double usage et où pourraient par conséquent circuler à la fois les voitures et les piétons sans se gêner.

Mais il est indispensable pour cela que ceux qui veulent aller à pied n'obligent en aucun cas les autres à descendre de voiture pour les suivre, ou réciproquement.

Or, c'est précisément cette tolérance réciproque que se refusent les religions modernes, et c'est ce qui contribue à les rendre également détestables ; c'est à qui, en effet, parmi elles, prônera le plus ses propres vertus et la splendeur de son étoile, comme si dans l'esprit de leurs fondateurs toutes ces religions n'avaient pas un même but : celui d'équilibrer le mieux possible l'individu avec son ambiance propre, physique et morale, c'est-à-dire de lui faire son chemin dans la vie sociale et de l'amener à le suivre en lui prêchant, à cet effet, telle ou telle doctrine, lui enseignant tel ou tel précepte, selon le climat où il vit, selon la race à laquelle il appartient. La pure morale est une, en effet, dans son essence parce que la vertu absolue est une ; or, la même philosophie ayant formulé l'universalité des doctrines religieuses existantes, cette philosophie ne peut être qu'une dans ses conclusions, c'est-à-dire dans son orientation générale, malgré que les doctrines qu'elle enseigne varient, dans leur exposé et dans leur forme, avec la diversité des races auxquelles elles sont destinées.

Mais que vienne cette diversité de races à disparaître ou tout au moins à s'atténuer, aussitôt, et du fait précisément de l'unité morale qui forme la base de leurs doctrines, toutes ces religions tendront rationnellement à s'unifier d'elles-mêmes ; c'est pourquoi, au fur et à mesure que les peuples s'unifieront, dans leur pensée tout au moins, il s'opérera fatalement une évolution parallèle dans leurs religions respectives.

Malheureusement les religions, qui devraient préparer elles-mêmes cette unification, ont perdu depuis longtemps la pure notion philosophique qui seule pouvait perpétuer leur puissance ; elles se sont cristallisées dans des rites surannés qui font précisément toute leur faiblesse actuelle, sans comprendre que ces rites n'ont jamais été que des moyens d'enseignement, non pas, en aucun cas, une fin morale. Aussi l'unification sociale des peuples sera-t-elle longue à s'opérer en présence de l'inertie religieuse.

Cependant le progrès est fatal et la morale de pure raison triomphera forcément, tôt ou tard, de la tradition religieuse.

*
* *

Si 50.000 individus devaient aller quatre fois par jour de la place de l'Étoile à l'Opéra, il serait stupide qu'ils eussent chacun leur voiture s'il leur était possible d'organiser un service économique de transports en commun à cet effet.

Mais quels devraient être leurs rapports sociaux durant ce voyage ?

Or, j'estime que ces rapports devraient se borner exclusivement à l'objet même du voyage, c'est-à-dire que les gens devraient s'ignorer absolument en dehors de cet objet.

Si, au contraire, Pierre exige que Paul, pour profiter avec lui de ce service, soit catholique parce qu'il l'est lui-même, je dis que Pierre se met en défaut avec les règles de la pure solidarité sociale ; il fait du sectarisme et non plus du solidarisme ; en tout cas, son exigence est réprouvée comme abusive et super-flue par la morale positive de raison.

Et c'est ainsi que d'une manière générale le solidarisme doit rationnellement ignorer l'individu pour ne pas entraver la liberté individuelle en dehors des obligations communes à l'égard des institutions d'utilité publique.

Prenons un cas plus complexe.

Je suppose qu'au lieu d'être marié et de n'avoir qu'une seule famille je vive séparément en concubinage avec plusieurs femmes et que j'aie autant de familles que je possède de femmes, ma conduite sera-t-elle réprouvée par la morale rationnelle et positive ?

Si nous sommes dans un pays où les femmes sont en plus grand nombre que les hommes, je ne priverai assurément pas les autres hommes qui voudront prendre femme pour se constituer une famille, et en cela ma conduite n'aura par conséquent rien apparemment qui puisse nuire matériellement à la société.

Est-ce à dire cependant, de ce seul fait que je ne porte aucun préjudice physique à la société, que celle-ci doive se désintéresser moralement de ma situation et la tolérer ainsi ?

Assurément non, si elle estime que cette situation soit destructrice de mon équilibre de bien-être physique ou moral et que je doive en souffrir au point de tomber fatalement dans le malheur.

Le souci de l'ordre universel, doit conduire, en effet, toute société à s'intéresser, dans tous les cas, au sort de ses individus pour pouvoir les secourir à tout moment s'ils viennent à tomber, soit accidentellement, soit par leur propre faute, dans une situation critique.

Aussi, dans l'exemple précédent, la solution positive rationnelle est-elle, en définitive, simplement subordonnée aux questions suivantes : l'homme est-il, d'une part, plus heureux en ayant plusieurs femmes qu'en n'en ayant qu'une ? Et est-il, d'autre part, plus heureux ainsi sans que son bonheur nuise à autrui ?

Tout est là.

Or, nous estimons que l'homme qui épouse,

légalement ou librement d'ailleurs, une femme pour laquelle il a une double sympathie physique et morale, et qui se crée avec elle une famille unique, obéit en cela à une loi essentielle de nature, celle de l'amour familial, et que, du fait que cette union est ainsi accomplie selon les vœux de la nature, elle constitue pour lui la condition *sine qua non* de son bonheur familial.

On peut objecter toutefois que l'instinct polygamique peut toujours permettre à l'homme d'avoir une sympathie égale pour plusieurs femmes, et qu'en conséquence il pourra encore obéir à la nature tout en contractant plusieurs unions. Or, cela n'est vrai qu'en apparence (1) ; il est pratiquement admis, en effet, sans conteste, que le véritable amour de sentiment n'est pas partageur, parce qu'il enchaîne précisément l'instinct polygamique et qu'il a pour résultat par conséquent d'unir, en un seul et même être, les individus qu'il accouple. Il est, en outre, reconnu également par la pratique que les unions simples sont celles qui procurent le plus de bonheur à l'homme sur la terre

____

(1) Lire l'article : « De la fidélité dans le mariage. »

parce qu'elles créent et resserrent les liens de l'amour familial qui est le premier des sentiments de nature, tandis que ce même sentiment se relâche, au contraire, lorsqu'il est dispersé par la polygamie sur plusieurs familles distinctes.

Ajoutons toutefois qu'il convient essentiellement que l'union simple soit contractée selon la volonté rigoureuse de la nature pour être absolument légale auprès de l'ordre physique et de l'ordre moral ; c'est-à-dire que l'homme doit prendre une femme qu'il aime et qui l'aime, au physique comme au moral.

*
* *

Or, toutes les questions d'ordre social peuvent être traitées de la sorte, c'est-à-dire par la simple considération du mieux-être physique et moral ; aussi appellerons-nous *principe de morale rationnelle* tout principe qui a une raison analogue, c'est-à-dire tout principe qui est profitable à l'individu sans nuire, physiquement ou moralement, à l'harmonie générale de son ambiance phénoménale. Nous appellerons, au contraire, préjugé, ou principe de morale irrationnelle, tout principe qui tend à exercer sur l'individu une contrainte sans profit pour lui ni pour l'harmonie générale de son ambiance phénoménale; autrement dit tout sacrifice illusoire, toute vaine mortification, tout ce qui altère la joie de vivre et comprime le cœur et l'âme dans un but contraire à celui que réclame la nature.

Cependant il est bien certain que l'homme ne saurait acquérir par lui-même assez d'expérience pour pouvoir se guider toujours seul, en toute raison positive, dans le monde. Il faut donc nécessairement lui donner dès son enfance une éducation qui l'éclaire à cet effet ; mais il faut aussi pouvoir lui tendre à tout instant la main pour l'aider à se relever, si même par sa faute il s'est mis dans l'impossibilité de se pouvoir secourir lui-même.

Or, c'est précisément le double rôle que doit remplir la morale de pure raison positive, à savoir : *prévenir le danger et secourir dans le danger.*

Mais il est impossible de prévenir le vice chez l'homme sans suivre celui-ci pas à pas dans sa vie sociale ; aussi, en cela, la morale a-t-elle raison de ne pas se résigner à ignorer les individus en dehors de leurs obligations purement sociales. Assurément, le code social doit garantir les libertés individuelles en dehors de ces obligations si celles-ci ont été parfaitement remplies mais la morale doit cependant pouvoir, sinon entraver de vive force ces libertés, du moins agir par persuasion sur les individus pour les ramener dans le bon chemin toutes les fois qu'ils s'en écartent ; d'où la nécessité sociale d'une institution morale analogue à l'ancienne institution religieuse.

Cette sollicitude qu'a la morale rationnelle pour les individus résulte de ce qu'elle n'entend pas que le bien-être collectif doive s'établir au sacrifice du bien-être individuel. Elle prétend, en effet, que celui-là doive résulter de celui-ci et en être pour ainsi dire la résultante ; aussi sa sollicitude va-t-elle toujours et avant tout aux individus, contrairement d'ailleurs aux doctrines collectivistes modernes qui accordent presque exclusivement leur amour à cette sorte de résultante virtuelle qu'on appelle l'humanité, au préjudice, le plus souvent, des libertés individuelles.

Tout le souci de la morale rationnelle va

ainsi, en premier lieu, à l'individu, et ce que veut par conséquent cette morale, c'est simplement que l'effort collectif augmente le rendement industriel du travail individuel.

Dans un sens analogue, mais plus général, on peut dire, au surplus, que l'absolu lui-même, c'est-à-dire Dieu, ne saurait être, au regard de la pure morale positive de raison, ce roi des rois de la Bible auquel la croyance antique a condamné les hommes à apporter des présents et à faire des sacrifices de toutes sortes pour lui complaire ; c'est lui au contraire qui doit mettre toute sa puissance au service des hommes pour diminuer leurs peines et alléger leurs charges, sans rien recevoir d'eux, par conséquent, autrement que pour accroître l'économie de leur travail résultant en coordonnant, à cet effet, leurs efforts individuels sous l'empire de sa conscience et de son intelligence.

En sorte que la morale rationnelle est ainsi, en réalité, la science du bien-être individuel par l'effort collectif, quoiqu'elle reste aussi la science du bien-être collectif, étant simplement exclusive de tout égoïsme individuel ou, autrement dit, de tout bonheur individuel qui n'est pas le reflet du bonheur ambiant ; elle est également exclu-

2***

sive, avons-nous dit, de tout sacrifice illusoire qui n'est pas réclamé par l'ordre physique ou par l'ordre moral. En sorte que si demain la science invente, je suppose, une drogue qui guérisse l'alcoolisme, les hommes n'auront plus, dès lors, les mêmes raisons qu'aujourd'hui de mépriser les boissons alcooliques ; si, d'autre part, elle invente une drogue qui dispense de manger, la loi du travail cessera elle-même d'être une loi morale.

Et toujours ainsi le soin de procurer à l'homme la plus grande somme de bonheur positif, pourvu que ce bonheur soit à la fois physique et moral, doit appartenir en propre à la morale rationnelle. Or, c'est en quoi précisément elle est *une* dans son principe, quoiqu'elle doive forcément s'exprimer suivant des préceptes tout différents d'une latitude à une autre, c'est-à-dire d'un peuple à un autre, et d'autant plus même que les peuples appartiennent à des races plus éloignées les unes des autres.

Enfant, tu dois aimer ta mère parce que tu seras plus heureux de l'aimer que de ne l'aimer pas.

Femme, tu dois aimer ton enfant parce que

tu seras plus heureuse de l'aimer que de ne l'aimer pas.

Or, dans ces deux cas, le bonheur résulte de ce qu'il y a ainsi satisfaction, chez l'enfant comme chez la mère, d'un désir interne qui ressortit à un sentiment de nature, l'amour familial, c'est-à-dire à une composante de la volonté universelle, et qu'en dehors de l'obéissance à cette volonté essentielle il ne peut y avoir équilibre physique ou moral de l'individu dans son ambiance sociale ni partant bien-être possible pour lui.

Comme autre exemple, prenons celui du mariage dit de « raison », et voyons quels renseignements nous apporte la morale positive de raison à cet égard.

On entend par mariage de « raison » l'union de deux êtres disparates, c'est-à-dire de deux êtres qui, dans le cas le plus extrême, n'ont ni sympathie charnelle ni sympathie morale l'un pour l'autre, et qu'unit par conséquent un simple intérêt matériel.

Mais puisque cette union contribue à assurer l'aisance à ce couple, ne doit-elle pas, par cela même, être préférée à une union normale qui serait consacrée dans la misère et laisserait le couple sans ressource aucune ?

Assurément l'homme doit être en état de subvenir aux besoins matériels de sa femme et de ses enfants ou, dans le cas contraire, il doit choisir entre le célibat et le mariage de raison. Toutefois il ne saurait prétendre dans ces deux derniers cas au vrai bonheur, parce qu'il serait en défaut avec les lois de la nature et que, partant, sa famille ne reposerait plus sur aucun lien naturel stable ; son amour pour ses enfants serait incomplet en ce sens qu'il ne posséderait pas les caractères essentiels qui le doivent constituer normalement (1).

Ainsi l'homme, en ce monde, doit se préoccuper uniquement d'établir et de maintenir son équilibre parfait entre ses impulsions internes propres et les forces physiques et morales de son ambiance sociale ; s'il obéissait à d'autres règles sociales ou à d'autres morales il s'imposerait un sacrifice en pure perte et sans nulle raison valable au regard de l'absolu.

Or, la société ne doit pas avoir elle-même d'autre objet que d'aider les individus dans

____

(1) Lire l'article : « De l'amour des parents pour leurs enfants. »

cette tâche en consacrant à cet effet leur union rationnelle afin de coordonner leurs propres efforts individuels, sous la condition expresse toutefois que cette union ne soit créatrice que de contraintes sociales strictement nécessaires à l'objet même qu'elle se propose et de nature par conséquent à fournir une plus grande somme de bonheur à ceux-là mêmes qui les doivent supporter; dans le cas contraire, ces contraintes seraient abusives et constitueraient ce que nous appelons les préjugés sociaux, dans l'ordre physique ou dans l'ordre moral.

Mais longtemps encore, hélas ! les peuples subiront des contraintes de ce genre à cause de la force du préjugé de tradition qui les opprime. Cependant il semble qu'aujourd'hui l'instruction ait prévenu les hommes, à peu près universellement, contre ces abus et qu'un grand mouvement général se prépare pour secouer le joug de la tradition et détruire tout l'édifice de préjugés qui fut dressé par elle devant le prolétariat dans le but de le mieux assujettir à la domination égoïste des grands.

Au surplus, la morale rationnelle ne s'applique pas exclusivement à l'homme ; sa sollicitude s'étend également aux animaux comme à toutes les choses d'ordre purement matériel de ce monde. Elle doit servir, en effet, la loi du beau dans toute sa généralité absolue, car ses préceptes ressortissent exclusivement à la loi essentielle d'harmonie universelle.

16 novembre 1908.

Il en sera des religions ce qu'il en a été des anciennes provinces : elles s'unifieront sous une même bannière par la toute-puissance de la raison, comme les anciennes provinces se sont unies sous le même drapeau de la commune patrie, et ainsi s'élargiront peu à peu les frontières de la société nouvelle jusqu'à englober tous les peuples de la terre sous une même foi rationnelle qui suffira dès lors pour régler l'ordre social dans la société humaine tout entière.

XVI

Du rapport d'harmonie qui doit exister entre nos actes physiques et nos actes moraux.

Seules les forces physiques peuvent modifier à tout instant l'état dynamique de la matière inconsciente, parce que dans cette action il y a opposition de forces à d'autres forces du même ordre ; que vienne à fléchir l'une d'elles devant son antagoniste, c'est alors celle-ci qui l'emporte à son tour. Or, à ce jeu des forces physiques les forces psychiques ne peuvent concourir que par l'entremise des êtres conscients du monde mixte, les hommes et les animaux, grâce à la transformation que leur appareil cérébral a la faculté d'opérer de l'énergie psychique en énergie physique ou réciproquement (1).

Sans cette transformation préalable, le pur sentiment ne saurait par conséquent en aucun

(1) Lire à ce propos *la Genése du monde*, du même auteur.

cas exercer la moindre action physique ; or, aucune puissance transcendante n'échappe à cette nécessité.

D'ailleurs le monde éthériel a sa vie évolutrice propre et indépendante de la vie évolutrice des phénomènes du monde astériel, et c'est seulement dans le monde mixte formé par l'union des deux volontés essentielles, l'éther et l'aster, qu'il peut exister une simultanéité d'action entre les forces physiques et les forces psychiques et que ces forces peuvent agir ainsi sur les mêmes individus ou inversement être mises en jeu simultanément par eux. Toutefois ces forces d'essences différentes ne peuvent se coordonner que dans un rapport déterminé, et nous avons appelé loi d'harmonie la loi qui fixe précisément ce rapport dont nous avons d'autre part désigné les termes par les appellations de conscience physique et de conscience morale.

Dans ces conditions, nous disons qu'une action accomplie par un être mixte est juste lorsque les forces physiques et les forces psychiques, c'est-à-dire les forces matérielles et les forces morales qu'il met en jeu, demeurent entre elles dans le rapport fixé par la loi d'harmonie. Toute activité au contraire, physique ou

morale, qui n'est pas exercée suivant ce memê
rapport est une injustice à l'égard des phénomènes mixtes qui ont dû subir son influence
dans ces conditions.

Malheureusement pour les hommes leurs
instincts égoïstes sont producteurs de tant de
circonstances antagonistes, surtout dans la vie
sociale vulgaire, qu'il leur est difficile le plus
souvent de déterminer eux-mêmes la loi de ce
rapport d'harmonie suivant lequel doivent
s'exercer leurs manifestations à la fois physiques et morales pour qu'ils demeurent en
règle avec leur double conscience. Aussi appartient-il aux législateurs et aux moralistes de les
renseigner dans toutes ces circonstances en leur
traçant les véritables voies qu'ils doivent suivre
et en leur énonçant les règles de pure morale
sociale qu'ils doivent observer les uns à l'égard
des autres, comme aussi bien à l'égard d'eux-
mêmes, pour se maintenir toujours en parfait
état d'équilibre physique et moral avec leur
ambiance sociale.

5 anvier 1909.

XVII

Les passions devant la liberté.

Il y aura toujours des hommes qui auront des besoins au-dessus de leurs moyens, quelque fortune d'ailleurs qu'ils aient, parce que ces besoins naîtront de passions insatiables et irrésistibles.

Or, peu d'hommes échappent entièrement aux passions, quelque effort même qu'ils fassent pour s'en libérer, quelque éducation morale qu'ils reçoivent, quelque religion qu'ils pratiquent ; en sorte que presque tous ont des besoins irrésistibles, dans la mesure tout au moins de ces passions, et c'est ce qui les empêche précisément de se contenter du strict nécessaire pour vivre.

Mais ce sont aussi ces mêmes besoins, lorsqu'ils dépassent leurs propres moyens d'existence, qui arrachent certains hommes à la probité et les entraînent fatalement à l'égoïsme puis de là au crime.

Aussi, à l'égard de ces hommes, la morale à coups de bâton sera-t-elle toujours la seule qui puisse être vraiment fructueuse en résultats pratiques ; car les bonnes paroles, en ce cas, ne sauraient être jamais que pures naïvetés. Il s'ensuit, au surplus, que la paix sociale ne peut s'établir sans le secours de la force ordonnée, j'entends de la force au service du droit reconnu, et que c'est seulement, en fin de compte, à la perfection du code et à la bonne exécution de ses lois que devra s'appliquer la morale rationnelle si elle veut exercer son empire sur tous les hommes et renverser ce vieil adage : « la force prime le droit ».

Ce n'est pas toutefois qu'il faille nécessairement faire un crime à l'homme de toutes ses passions s'il a les moyens de les satisfaire sans porter préjudice à personne. L'usage modéré des passions procure assez souvent, en effet, les meilleurs agréments de la vie et devient même parfois tout à fait indispensable pour chasser l'ennui dont les conséquences, en certains cas, risqueraient d'être bien plus déprimantes encore pour l'homme que ses passions elles-mêmes les plus violentes s'il était dépourvu d'ambition ou d'occupations assidues.

D'ailleurs, l'homme qui ne nuit d'aucune façon à son prochain a le droit, au nom du principe fondamental de liberté, d'être *ignoré* par la société lorsqu'il a satisfait à ses devoirs de solidarité ; on pourrait dire, à la rigueur, qu'il ne devrait compte qu'à lui-même de ses passions, quelles qu'elles fussent ; si celles-ci, dans ces conditions, lui procuraient un agrément, nous n'aurions donc pas, socialement du moins, le droit de lui en faire un reproche, même si elles compromettaient sa santé au point que leur exercice constituât pour lui un véritable suicide.

Cependant la morale ne doit pas avoir pareille indifférence, car elle s'adresse non seulement à la collectivité humaine, mais aussi à tous les hommes en particulier et elle a pour fonction par conséquent de les conduire tous individuellement au mieux-être physique et moral.

Or, c'est cette dernière attribution qui établit précisément la supériorité de la morale sur le code et qui en fixe la distinction principale ; elle enseigne au surplus la vertu, c'est-à-dire l'art sacré du beau et du bien.

23 décembre 1907.

XVIII

De la sympathie en général.

La sympathie en général est l'attirance qu'exerce sur la volonté le charme physique ou moral.

Cette attirance peut être exercée par un individu quelconque, homme, animal ou chose, sur un être quelconque doué d'une volonté consciente: mais nous n'envisagerons ici que la sympathie de personne à personne et nous ferons, en outre, abstraction de l'attirance charnelle ou sentimentale qui résulte de l'amour.

Or, sous ces réserves, on peut dire que la sympathie n'implique dans sa définition aucune condition nécessaire de réciprocité, celle-ci pouvant se produire ou non selon le hasard des caractères en présence ; autrement dit, telle personne qui inspire de la sympathie peut, en retour, n'éprouver aucune sympathie pour ceux-là mêmes auxquels elle en inspire. En outre, elle est inégale en ce sens que la même personne exerce rarement une attirance égale sur des personnes différentes, la différence pouvant même aller parfois du positif au négatif, c'est-à-dire que telle personne qui est sympathique aux uns peut être antipathique aux autres.

Au surplus, il convient de distinguer la sympathie physique de la sympathie morale, et dans ces deux cas la sympathie absolue de la sympathie relative ; celle-ci étant intéressée le plus souvent et faite toute de circonstance, fausse par conséquent, tout au moins superficielle ou simplement apparente ; celle-là étant au contraire toute d'instinct, c'est-à-dire libre de toute influence sociale, naturelle et vraie par conséquent.

Or, la sympathie peut s'offrir séparément ou simultanément sous ces quatre aspects et avec une intensité respective variable à l'infini. Il y a toutefois renforcement entre elles de ces variétés distinctes lorsqu'elles s'exercent simultanément, et c'est ainsi qu'il peut arriver qu'une personne physiquement antipathique cesse de l'être lorsqu'elle inspire une vive sympathie morale, bien que la réciproque soit moins probable.

Quoi qu'il en soit, la sympathie absolue seule est d'une observation très malaisée parce qu'il est rare qu'elle se manifeste en dehors d'influences physiques ou morales qui ne la renforcent, par conséquent, ou la diminuent quelque peu : telle personne, par exemple, qui nous est absolument sympathique dans la rue, peut nous déplaire dans un compartiment de chemin de fer si elle y occupe une place que nous envions fortement.

Dans ces conditions donc, si l'on veut pouvoir juger en toute sincérité les hommes, il convient de les observer comme au travers d'un écran qui arrêterait toutes les influences de circonstance ou d'intérêt qu'ils sont susceptibles d'exercer, pour ainsi se placer dans une situation d'indépendance absolue auprès d'eux et réciproquement.

8 février 1909.

La fréquentation assidue du monde entraîne naturellement au respect des convenances sociales. Or, les convenances sociales répudient toute franchise discourtoise, et partant toute critique défavorable. Il semble donc bien que la critique soit malaisée pour celui qui est en reste de convenances auprès d'une personne sur laquelle doit précisément porter cette critique, et d'autant plus

qu'en général les auteurs, surtout parmi les plus médiocres, croient sincèrement mériter toujours des éloges.
Aussi le devoir du critique intègre est-il d'éviter le plus
possible la fréquentation intime des personnes sur lesquelles doit porter son jugement et surtout la fréquentation des médiocres ; disons, si l'on veut, qu'il doit être,
hormis toutefois à l'égard de ses pairs, un sauvage, sinon
par nature, du moins par fonction.

XIX

De la fraternité en général.

La fraternité en général doit se comprendre sous diverses acceptions principales bien distinctes.

En premier lieu, elle exprime l'affection naturelle qui existe entre frères et sœurs ;

En second lieu, l'amitié qui s'acquiert entre jeunes gens du même âge qu'une vive sympathie morale rapproche étroitement ;

En troisième lieu, la camaraderie qui unit les artisans d'une même corporation ou les affiliés à une même secte politique ou religieuse, ou encore les membres d'une même caste sociale ;

En quatrième lieu, la sympathie de clocher qui existe entre les originaires d'un même village ou par extension entre les citoyens d'une même nation ;

En cinquième lieu, enfin, le respect humanitaire qui unit tous les hommes dans une même fraternité universelle en les rattachant à la grande famille humaine.

Mais chacune de ces cinq catégories peut comprendre elle-même des subdivisions.

C'est ainsi que dans la première il faut ranger le cas des enfants de lits différents ayant seulement soit un même père, soit une même mère et aussi, par extension, le cas des enfants qui ne sont que frères de lait ou encore ceux de parents également étrangers et qui sont élevés ensemble dans une même institution de charité, comme l'Assistance publique, par exemple.

Quant à la voix du sang, elle irait bien plutôt simplement des parents aux enfants, ou réciproquement, que des enfants aux enfants eux-mêmes ; l'affection qui unit ceux-ci est, en effet, bien plutôt acquise, c'est-à-dire sociale, que de nature, quoique cependant il soit bien certain qu'à cette affection acquise s'ajoute un facteur important ressortissant à l'amour qu'ont les enfants pour leurs parents, et réciproquement, c'est-à-dire à l'amour familial qui est un sentiment de nature grâce auquel la famille forme précisément une unité sociale indissoluble.

Dans le second cas il faut comprendre l'amitié qui unit, par exemple, les élèves d'une même école ou les soldats d'un même régiment.

Le troisième cas est plus spécial aux corps de métiers ; mais il comprend également les castes sociales, les clans littéraires et politiques, les associations religieuses, etc.

Le quatrième cas ressortit à l'analogie de mœurs ou d'idées que possèdent en général les enfants d'une même cité et par extension les citoyens d'une même nation.

Le cinquième cas, enfin, se rattache au sentiment de bienveillance universelle qui ressortit lui-même à l'amour divin, soit que les hommes ramènent à un seul Dieu créateur l'origine commune de leur filiation et établissent par conséquent sur ce fait leur fraternité, soit qu'ils aient la croyance rationnelle que l'amour est la grande loi essentielle du monde moral universel et qu'ils considèrent dès lors comme un devoir de conscience de s'aimer les uns les autres.

5 janvier 1908.

La fraternité universelle ne réalise pas et ne peut pas réaliser l'égalité d'amour entre tous les hommes ; c'est bien plutôt même une simple harmonie de sociabilité qu'un véritable amour qu'elle est capable d'établir entre eux.

Or, toujours cette inégalité d'amour créera dans la société humaine des inégalités sociales qui y entretiendront des luttes éternelles.

XX

Fraternité physique et fraternité morale.

Les hommes se ressemblent tellement par les sens physiques qu'il n'est pas nécessaire de se reculer d'eux de beaucoup pour qu'ils apparaissent comme tout à fait identiques les uns aux autres.

Et si même on les observe de très près on peut encore voir qu'ils possèdent à peu près tous également les mêmes instincts physiques, ou, tout au moins, les mêmes germes de ces instincts.

Au reste, la différence qu'ils présentent ordinairement sous le rapport de leurs sens et de leurs instincts vient surtout des multiples contraintes physiques et morales qu'exercent sur eux l'ambiance sociale et l'atavisme qui atrophient chez les uns certains germes de vices ou de vertus qu'ils développent, au contraire, chez d'autres.

Mais que viennent jamais toutes ces contraintes à cesser de s'exercer de façon à rendre leur pleine liberté aux individus, aussitôt se détendra en eux le ressort interne de l'animalité d'instinct, et très vraisemblablement ils se rapprocheront dès lors très vite, pour la plupart, d'un même état physique naturel type. Or, cet état sera simplement fonction de l'âge absolu de l'espèce puisque le progrès se sera accompli continûment sur celle-ci depuis son origine et que ses caractères généraux seront ainsi en seule dépendance naturelle du temps.

Pourtant si les hommes se ressemblent à peu près tous par leurs sens et par leurs instincts physiques, il faut bien admettre toutefois qu'ils naissent avec des aptitudes psychiques très différentes et que tels individus qui possèdent les mêmes goûts et les mêmes appétits physiques peuvent être cependant des êtres moraux souvent très dissemblables les uns des autres.

Or, cette différence s'explique par ce fait que ce sont les individus eux-mêmes qui ont pour fonction de tresser leur âme et que seule la trame leur en est fournie indistinctement par la nature ; en sorte que seule cette trame est commune à toutes les âmes d'une même espèce animale et que celles-ci se trouvent avoir ainsi simplement les mêmes aspirations essentielles originelles, si l'on excepte les caractères d'atavisme.

Au surplus, cette dissemblance est appelée à s'accentuer de plus en plus dans la vie sociale, selon la différence d'activité que mettent les hommes à façonner leur âme, soit qu'ils la laissent inculte et demeurent ainsi dans un état voisin de l'animalité, soit, au contraire, qu'ils l'enrichissent chaque jour d'un apport nouveau de substance spirituelle, en même temps qu'ils développent ses affinités morales, en sorte que, l'atavisme aidant, on peut justement admettre qu'il existe très vraisemblablement entre les individus, même dès leur naissance, du fait précisément de l'atavisme, une réelle divergence morale capable de s'accentuer davantage encore durant leur vie sociale.

On doit donc déduire, en définitive, de ces considérations que c'est surtout charnellement que la fraternité universelle est susceptible de s'établir le plus aisément sur la terre entre les hommes, bien plutôt que moralement.

Aussi le collectivisme aura beau dire et beau faire, s'il parvient à distribuer le même air à tous les hommes devenus socialement égaux il n'empêchera pas que cet air s'embaume au contact des âmes d'élite et s'empuante, au contraire, auprès des autres.

11 décembre 1908.

Seule l'éducation morale peut faire la vraie fraternité parce que cette fraternité est d'ordre spirituel.

XXI

Devoirs de l'homme envers les animaux.

Le code doit être le livre sacré de la justice humaine et il doit s'enrichir chaque jour d'un apport nouveau qui marque un acheminement progressif et perpétuel vers l'harmonie absolue de sociabilité, terme extrême du progrès social.

Or le temps seul peut accomplir cette grande œuvre de paix universelle, car le progrès suit nécessairement la lente évolution du monde, puisqu'il vise la sociabilité non seulement entre les hommes d'une même famille, mais aussi entre ceux de toutes races et de tous pays.

Au surplus, qui sait si l'homme ne commet pas un crime de lèse-harmonie très préjudiciable même à sa propre évolution en négligeant de codifier également ses rapports sociaux avec les animaux ? Et n'est-il pas rationnel de supposer que ceux-ci ont tous quelque utilité, si invraisemblable que cela puisse paraître à *priori* ?

Nous croyons, en effet, qu'une harmonie générale de sociabilité doit pouvoir utilement s'établir entre tous les phénomènes de l'univers, hommes, bêtes et choses, grâce à des conditions sociales appropriées qui permettent aux individus de se rendre de mutuels services au lieu de se gêner ; cet accord semble même d'autant plus probable que nous savons déjà qu'il existe entre un très grand nombre d'individus phénoménaux certaines conditions nécessaires de dépendance qui les rendent indispensables l'un à l'autre, quelque antagonisme partiel, tout relatif et circonstancié d'ailleurs, qui puisse exister entre deux espèces voisines. Admettre, au surplus, l'existence d'une espèce qui soit nettement nuisible à l'œuvre d'évolution générale, c'est supposer la nature capable de commettre une erreur contre elle-même. Or, une pareille hypothèse est absurde, tandis qu'il est tout à fait rationnel d'admettre, au contraire, que la nature possède à l'égard de son œuvre une intelligence infinie dans la limite de ses facultés essentielles, ce qui permet précisément de dire que dans tous les cas particuliers l'œuvre de la nature est aussi parfaite qu'il est possible à cette nature de l'établir avec les moyens propres dont elle dispose et qui ressortissent à ses caractères essentiels, c'est-à-dire à la manière d'être essentielle des volontés évolutrices qui la constituent.

C'est du reste seulement parce que les religions dogmatiques ont enseigné aux hommes cette orgueilleuse croyance que le monde phénoménal a été créé exclusivement pour eux et qu'ils pouvaient, par conséquent, en user avec caprice, comme d'une chose à soi, qu'ils n'ont jamais eu, à vrai dire, jusqu'à présent, le respect des animaux non plus que le souci d'améliorer ni même de conserver leurs espèces, quant à celles du moins qu'ils n'ont su encore utiliser.

Assurément, la contrainte de sociabilité ne peut s'exercer sans pertes ni fracas, dans les sociétés naissantes tout au moins, puisque les individus ont précisément reçu des armes naturelles pour l'établir d'eux-mêmes par la lutte. Mais cette lutte n'est du moins pas ordonnée par le génie du mal en vue seulement de l'entre-destruction des races ou des espèces étrangères ; elle l'est, tout au contraire, par le génie du bien, c'est-

à-dire par la loi d harmonie et elle a pour aboutissant extrême, à l'infini, la paix universelle
parmi l'innombrable variété des espèces et
des individus du monde phénoménal. Aussi
cette lutte a-t-elle pour objet immédiat d'établir
perpétuellement dans ce monde un ordre social
qui mette toute chose à sa place naturelle et
permette à l'universalité des individus phénoménaux d'employer leur activité propre à l'accomplissement de l'œuvre évolutrice voulue
par la nature essentielle, simple ou composée,
à laquelle ils ressortissent.

4 septembre 1908.

XXII

Hors l'amour, point d'idéal.

S'il me fallait risquer ma vie pour un idéal
sur l'ordre d'un saint Vincent de Paul, je le
ferais toujours avec bonheur ; mais je me ré-
volterais contre un pareil ordre s'il me venait
de nos puissants du jour, parce qu'ils incar-
nent à mes yeux l'égoïsme de l'or, et que
je ne crois pas à leur idéal dans ces conditions.

C'est que tout l'or du monde ne saurait remplacer l'amour ; or, l'amour seul va à l'amour,
et sans lui il n'est point d'idéal vrai sur la
terre.

Qu'on le sache, c'est en cela qu'il faut voir
toute l'explication de l'antimilitarisme et de
l'internationalisme modernes, car, sous le règne
de l'égoïsme où nous vivons à présent, le peuple, qui ne sent en hauts lieux veiller sur lui
aucune charité ni aucune pitié, qui ne sent

aucun cœur battre pour lui, ne reconnaît plus même sa patrie.

Riches, vous avez brisé le temple de l'amour, vous mourrez par la haine !

23 mars 1909.

La richesse est une cause de décadence physique et morale pour les individus comme pour les peuples lorsqu'elle n'est pas au service de l'humilité, car seule l'humilité peut retenir l'homme sur la pente du vice où tendent à l'entraîner fatalement les félicités qu'accorde la richesse ; lorsqu'elle est au service de l'humilité, la richesse est, au contraire, une puissance nécessaire au progrès social.

XXIII

De l'amitié ordinaire et de l'amour vrai.

A part des cas très rares d'amitiés absolument désintéressées qui résultent d'une sympathie purement admirative pour le mérite ou
pour la vertu, on peut dire que l'amitié a généralement pour cause profonde un intérêt égoïste
plus ou moins caché lorsqu'elle est extérieure
à l'amour charnel ou à l'amour familial, qui
sont des sentiments de nature.

Elle n'est de toute manière qu'un sentiment
acquis et n'offre par conséquent pas, *à priori*,
la garantie de fixité et de durée qui s'attache à
un sentiment de nature, quoique l'intensité du
premier puisse être parfois supérieure à celle
du second. Un sentiment acquis est, en effet,
éminemment destructible avec la cause qui l'a
engendré et qui continue seule, le plus souvent,
à le soutenir et à le développer ; il l'est d'autant plus que cette cause est elle-même plus
fragile. Or, rien n'est plus fragile que l'intérêt

égoïste sur lequel repose en général l'amitié ordinaire, et c'est précisément ce qui explique la justesse de ce vieux proverbe : « Il faut vivre avec les amis comme s'ils devaient être un jour nos ennemis. »

Quant à l'amour vrai, il n'est lui-même qu'une amitié acquise ; mais il a sur l'amitié ordinaire, en outre qu'il est d'ordre exclusivement moral, le double avantage de reposer sur deux sentiments de nature qui sont l'amour charnel et l'amour familial.

Malgré le caractère d'universalité qu'a l'amour charnel, ce sentiment contribue dans une large mesure, en effet, par la sympathie physique qu'il crée, à développer l'amour vrai, dont il est d'ailleurs presque toujours l'amorce principale. Toutefois c'est surtout l'amour familial qui devient ensuite le plus sûr soutien de l'amour vrai, pouvant même parfois suffire à lui seul à l'engendrer, et c'est du reste ce qui explique pourquoi beaucoup de mauvais ménages deviennent unis après la naissance d'un premier enfant et s'affermissent au fur et à mesure que de nouveau-nés viennent grossir la famille ; c'est aussi la raison pour laquelle les ménages improductifs se désunissent si fréquemment, parmi ceux-là mêmes qui furent provoqués par la plus vive passion, parce que cette passion n'est le plus souvent due qu'à l'amour charnel seul et que ce sentiment, quoiqu'il soit de nature, a un caractère d'universalité qui provoque la polygamie que seuls l'amour vrai et l'amour familial peuvent enchaîner, sinon détruire. Au surplus, ce qu'on appelle le coup de foudre n'est qu'un sentiment frivole provoqué spontanément par l'amour charnel ; aussi l'égoïsme ou plutôt l'instinct polygamique a-t-il toujours vite raison de ce sentiment s'il n'est pas lui-même soutenu ensuite par l'amour vrai et par l'amour familial.

26 janvier 1908.

L'explication de la polygamie par la « curiosité », suivant l'expression de M. Emile Faguet, ne s'entend bien, pensons-nous, qu'autant que l'on tient la curiosité pour un désir créé par l'amour charnel bien plutôt que pour un simple caprice sans cause de nature ; mais dès lors le mot « curiosité » perd ici sa signification propre, et tout au plus pourrait-on dans ce sens appeler « curiosité » un désir charnel à peine prononcé, c'est-à-dire presque équilibré par l'indifférence et dont la satisfaction ne serait par conséquent qu'un passe-temps agréable.

XXIV

De la véritable amitié.

L'amitié la plus sûre est généralement celle que l'on contracte durant le jeune âge, parce que c'est dans ces conditions qu'elle a le plus de chance d'échapper aux calculs égoïstes.

Aussi les amitiés de la vingtième année ont-elles les meilleures raisons de rester sincères et d'être durables.

Cependant, si l'on veut que l'amitié conserve toute sa force, il faut se garder d'une fréquentation trop assidue ou du moins trop intime avec les amis, pour éloigner d'eux les motifs habituels de rivalité : l'envie ou la jalousie.

Au surplus, l'amitié est fortifiée par la légende que crée le souvenir avec le temps, lorsqu'elle a été contractée dans des circonstances extraordinaires que l'on aime à se rappeler, surtout au cours de campagnes périlleuses ou de voyages difficiles, durant lesquels une fraternité sincère a pu s'établir.

Or, l'amitié qui a été ainsi contractée à des époques marquantes de la vie finit à la longue par ne reposer plus que sur le charme du souvenir qu'elle évoque, et il n'est pas rare que les mêmes qui ont contracté une amitié de ce genre aient plutôt du déplaisir qu'une joie réelle à se retrouver plus tard, parce qu'ils s'apparaissent alors le plus souvent dans une situation sociale désavantageuse pour l'opinion que leur imagination s'était faite l'un de l'autre et que le temps avait naturellement avantagée.

C'est que l'amitié, dans ces conditions, en outre que la vanité y entre déjà pour une grande part, est souvent toute de pure circonstance, tenant plus par conséquent des événements et du milieu, c'est-à-dire du cadre, que des personnes elles-mêmes, qui d'ailleurs pourraient être au surplus n'importe qui, voire même des personnes pour lesquelles on ne saurait avoir, dans la vie ordinaire, aucune sympathie physique ni morale.

La véritable amitié, en effet, c'est-à-dire l'amitié qui peut supporter les chocs les plus violents sans aucun risque, est celle qui repose sur une entière sympathie morale et qui unit par conséquent dans une commune pensée deux cœurs et deux âmes.

23 décembre 1908.

La méfiance tue l'amitié ; la franchise affectueuse et correcte l'affermit.

XXV

Les droits de la chair.

Il est insensé de demander à l'homme plus que la nature ne lui permet de donner, et c'est pourtant ce qu'ont presque toujours fait la plupart des morales laïques ou religieuses.

L'homme doit être pris avec ses défauts et avec ses qualités ; le fait d'admettre qu'il est essentiellement perfectible implique, en effet, qu'il a forcément des défauts et qu'il ne peut pas n'en pas avoir.

S'il était sans défaut, c'est-à-dire s'il était un homme idéal dans l'acceptation absolue du mot, il serait imperfectible et partant il aurait toutes les vertus infinies ; il serait, en un mot, Dieu lui-même. Or, il est incontestable que l'espèce humaine n'a pas atteint à cet état idéal, puisque son évolution est visiblement en pleine activité, au moral comme au physique ; mais y fût-elle parvenue que l'individu, pris dans sa forme actuelle, c'est-à-dire avec les seuls organes qu'il possède actuellement, et à suppose·

que ceux-ci aient atteint par conséquent à la perfection infinie de forme, resterait quand même perfectible dans l'art de mettre en jeu ces organes et d'en obtenir les meilleures manifestations dont ils sont capables.

C'est donc pure folie de vouloir contraindre l'homme à vivre comme s'il avait les attributs réels d'un Dieu, même d'un Dieu minuscule qui ne serait qu'un homme idéal dans sa forme actuelle. Et sont coupables par conséquent toutes les religions qui s'exercent dans ce but, parce qu'une contrainte morale ne peut qu'être hors nature et partant sans effets désirables si elle n'est pas voulue par les lois générales d'évolution et d'harmonie.

Qu'on le sache, l'homme n'est pas qu'âme sur la terre; il possède à la fois un corps et une âme qui sont conduits séparément par des volontés essentielles qu'il doit respecter également et qui sont la conscience physique, ou instinct physique, pour le corps, et la conscience morale, ou conscience proprement dite, pour l'âme. Or, la loi d'harmonie universelle, c'est-à-dire la loi du beau, réglant d'autre part le rapport de simultanéité qui doit régner entre ces deux consciences dans leur action normale sur l'homme, la morale doit avoir pour unique objet de saisir les articles de cette loi dans ses multiples manifestations physiques ou morales afin d'en faire profiter les hommes, non pas de mortifier leur chair pour le seul profit de leur âme ou inversement ; elle ne saurait être d'ailleurs une véritable morale rationnelle si elle ne ressortissait pas exclusivement à cette loi essentielle d'harmonie qui seule règle la justice dans le monde et qui par conséquent doit être tenue pratiquement pour l'expression rigoureuse de la volonté divine.

Messieurs les moralistes, cessez donc de prêcher vos vaines mortifications et quittez cette prétention insensée que nous sommes des dieux sur la terre et que partant nous devons y atteindre à la suprême vertu. Il n'est pas vrai que l'âme soit l'ennemie de la chair, car toutes deux sont des organes également indispensables à la force d'évolution ; or, à ce titre, elles ont droit à l'indépendance relative que leur accorde la loi d'harmonie universelle, en dehors des obligations mutuelles qu'elle leur crée dans la mesure du rapport existant entre leurs consciences respectives.

18 juin 1908.

Un homme sans passions est comme une lampe sans

huile ; il est incapable d'aucune chaleur ni d'aucune lumière. Mais la lampe humaine doit être réglée à petit feu, autrement sa flamme consumerait au lieu de réchauffer et sa lumière éblouirait au lieu d'éclairer : elle serait nuisible au lieu d'être bienfaisante.

XXVI

De l'influence du désir charnel dans nos rapports sociaux avec la femme.

Il est incontestable que le désir charnel qu'éveille en nous la femme joue un rôle considérable et constant dans tous nos rapports sociaux avec elle.

C'est presque exclusivement ce désir, en effet, qui nous fait être prévenants et aimables envers la femme, même lorsque nous sommes persuadés qu'il ne saurait être satisfait et qu'il y aurait, au surplus, inconvenance grave à le manifester autrement que par une respectueuse prévenance.

Au reste, la femme saisit parfaitement bien, d'instinct en quelque sorte, le véritable motif de cette prévenance, et c'est pourquoi elle s'en montre, en revanche, toujours flattée dans sa vanité ou tout au moins dans son amour-propre.

Or, c'est précisément ce qui explique le besoin, pour ainsi dire inné, de coquetterie qu'ont la plupart des femmes, même les plus foncièrement honnêtes, parce qu'elles ont ainsi conscience que la coquetterie éveille toujours en l'homme un désir charnel qui le place fatalement sous leur domination morale et assure par conséquent leur triomphe dans le monde.

25 mai 1908.

Une mise propre et correcte, qui est empreinte, en outre, d'une certaine élégance de bon goût, c'est-à-dire d'une élégance qui peut être coquette sans être cependant ni criarde ni tapageuse, est toujours de bonne convenance en société, pour une femme, et pourvu toutefois que cette mise ne jure pas dans sa forme avec le rang ou la fonction qu'elle occupe dans la vie sociale.

XXVII

Sur un cas de justice embarrassant.

C'est la sympathie charnelle, le plus souvent,
qui pousse l'homme à rechercher la société
des jolies femmes, même en dehors de toute
pensée immédiate de libertinage, et qui mesure,
pour une grande part, la prévenance qu'il a
pour elles, prévenance qui apparaît ainsi bien
plus intéressée que vraiment charitable. Or, il
faut voir en cela une explication du peu de
cas que font, si fréquemment aujourd'hui, les
jolies femmes de la prévenance anonyme qu'ont
généralement les hommes pour elles, dans les
lieux publics, poussant même parfois l'ingratitude jusqu'à l'insolence, parce qu'elles
pressentent d'instinct, sans doute, tout l'é-
goïsme qui motive cette prévenance.

Ce n'est pas cependant que nous voulions
absoudre la femme d'un semblable dérégle-
ment aux règles de la bienséance, surtout si
les manières de l'homme n'ont rien d'irrespec-

tueux à son égard, car l'inconvenance est toujours un fort vilain geste qui ne peut émaner,
d'ailleurs, que d'un esprit fort vulgaire et dont
serait, par conséquent, incapable une femme
de bonne éducation.

Au surplus, il faut encore reconnaître, à la
charge de la femme, que celle-ci, par sa coquetterie souvent outrancière, semble ajouter,
comme à plaisir, à la sympathie charnelle
qu'elle peut déjà inspirer naturellement à
l'homme par ses appas.

Or, je me demande comment un tribunal,
qui serait pleinement imbu de philosophie et
entièrement libéré par conséquent du préjugé,
jugerait ce cas embarrassant d'un rustre qui
aurait insulté publiquement une femme honnête sous le prétexte qu'elle aurait refusé de lui
accorder ses faveurs, si cet homme déclarait,
avec témoignages à l'appui, pour sa défense,
que cette femme l'a irrésistiblement fasciné
par un déploiement outrancier de coquetterie
provocatrice ?

21 juillet 1908.

Qui sème le vent ne saurait se plaindre de récolter la
tempête.

XXVIII

Du rôle des passions charnelles dans l'amour sentimental.

L'amour charnel peut s'exercer avec la plus violente passion, sans cependant engendrer forcément une affection réelle. Il n'est pas rare même de rencontrer chez certains hommes des cas de passions charnelles mêlées d'une haine si violente que ces hommes n'ont pas de plus grand désir que périsse la femme qui leur inspire ces fougueuses et brutales passions.

L'amour sentimental repose, au contraire, sur une affection réelle et, quoiqu'il semble bien qu'à part les cas de pure admiration pour la vertu ou pour le génie, cette affection, du moins chez l'homme, soit surtout portée à son paroxysme par la passion charnelle elle-même, il est incontestable cependant que les grandes passions sentimentales ne se brisent jamais sans laisser dans le cœur une trace ineffaçable. Cette trace est même si profonde et si persistante qu'elle

influe presque toujours chez l'homme sur les
passions nouvelles qu'il peut avoir par la suite,
au point de lui faire rechercher, d'instinct, la
femme qui lui rappelle le plus, au physique
comme au moral, celle qu'il a perdue.

Toutefois ce cas n'est guère fréquent que dans
les grandes passions sentimentales ; dans les
cas ordinaires, l'amour sentimental semble, en
effet, bien plutôt si intimement lié à l'amour
charnel qu'il disparaît presque toujours avec lui,
sans même, parfois, que subsiste ensuite la
moindre amitié.

Or, ce sont ces cas ordinaires qui se présentent le plus souvent dans la vie sociale, et c'est
précisément pourquoi le mariage légal y est, en
général, une garantie indispensable, surtout
pour la femme. Cette garantie s'impose d'ailleurs
lorsqu'il y a absence à la fois de sympathies
charnelles et de sympathies morales entre les
époux, comme il arrive si fréquemment
aujourd'hui dans les mariages dits de « raison »,
qui ne sont, à vrai dire, que des mariages d'intérêts.

23 mai 1908.

En amour, nos sentiments sont le plus souvent à la
fois d'ordre physique et d'ordre moral et ils sont même

si intimement mêlés qu'il est impossible de les séparer
intégralement les uns des autres, parce qu'ils coexistent
en quelque sorte en nous à la manière des radiations
calorifiques et des radiations lumineuses dans les rayons
du soleil.

XXIX

De l'amour des parents pour leurs enfants et du rôle moral de la volonté procréatrice.

L'amour maternel est formé de trois sentiments distincts qui sont :

1° L'amour de nature, qui est purement instinctif et commun à tous les animaux ;

2° L'amour de sentiment, qui a sa source dans l'amour qu'a la femme pour le père de son enfant ;

3° L'amour de sociabilité, qui est d'ordre purement social et que la mère acquiert en élevant elle-même son enfant, en vivant avec lui.

Quoiqu'à des degrés variables, on peut dire aussi que l'amour paternel se décompose d'une manière analogue.

L'amour pur que peuvent avoir mutuellement les parents influe donc considérablement sur leur amour pour leurs enfants; toutefois, pour cette même fin, l'affinité d'instinct, c'est-à-dire la sympathie charnelle, peut suppléer dans une large mesure l'amour pur dont elle est d'ailleurs la cause déterminante.

Mais la sympathie charnelle n'est pas inspirée également à tous les hommes par la même femme ; aussi tout homme, en vue de son mariage, doit-il se laisser guider toujours par son instinct charnel propre dans le choix d'une femme.

Or, à moins d'un cas exceptionnel et anormal, lorsqu'une union aura été ainsi consacrée selon les vœux de la nature, surtout si à la sympathie charnelle s'ajoute la sympathie morale, cette union sera heureuse, car l'homme finira sûrement, tôt ou tard, par aimer d'amour pur sa femme ; d'autre part, si celle-ci a pour son mari les mêmes sentiments qu'il a pour elle, on peut être à peu près certain qu'elle lui donnera des enfants et que ces enfants seront sains de corps et d'esprit et beaux comme le sont généralement les enfants de l'amour.

L'union normale, c'est-à-dire l'union voulue par la nature physique et morale, est donc celle qui est effectuée entre deux individus normaux et sains et qui s'inspirent mutuellement une double sympathie physique et morale ; ils sont, en effet, naturellement prolifiques dans ces conditions, c'est-à-dire qu'ils procréent en voulant d'instinct procréer.

Au surplus, l'instinct n'est pas aveugle et pour cette raison il est improbable qu'il unisse jamais des individus qui ne seraient pas *originairement* sains et normaux ; partant doit-on admettre, *à priori*, que la double sympathie physique et morale qu'il peut inspirer à deux individus propres au mariage est suffisante dans tous les cas pour fixer justement leur choix mutuel. Aussi les unions qui sont consacrées dans ces conditions peuvent-elles être tenues pour légitimes, au regard de l'ordre physique et de l'ordre moral, et aptes à constituer une descendance saine et vigoureuse.

Mais, cette union de nature a encore une autre portée morale considérable et qui l'ennoblit : celle de justifier l'acte charnel en en faisant une fonction de la volonté procréatrice ; c'est la raison du reste pour laquelle la femme aimée, au contraire de la fille publique, n'inspire aucune répulsion à l'homme après l'acte charnel.

Au reste, les religions elles-mêmes, en sanctifiant le mariage chez les peuples primitifs, ont dû agir sans aucun doute sous l'empire de cette même pensée morale, car de nos jours encore, dans quelques villages bretons, la femme, dit-on, se signe après l'acte charnel, ce qui semble bien prouver, en effet, qu'elle supporte cet acte avant tout dans un but de procréation.

Dans les villes, au contraire, où se pratiquent le plus souvent les mariages de raison, les femmes mariées se ravalent fréquemment aujourd'hui, surtout parmi les classes aisées, au rang de vulgaires filles publiques : quelque fidélité qu'elles puissent avoir pour leur mari dans ces conditions et quelque honneur qu'elles tirent même de cette fidélité, elles n'en supportent pas moins aussi, comme celles-ci, l'acte charnel en l'absence de toute volonté procréatrice ; or, c'est précisément ce qui rend cet acte impur au regard de l'ordre moral.

Le mariage de raison qui consacre ces unions hors nature est donc lui-même un acte impur s'il échappe à toute contrainte religieuse qui pallie son immoralité ; aussi les peuples qui le pratiquent subissent-ils fatalement dans leur race une dégénérescence morale et un affaiblissement physique qui doivent vraisemblablement immaner de la justice suprême et constituer précisément leur châtiment ; d'ailleurs la dépopulation qui se produit actuellement en France n'est-elle pas déjà pour ce pays un signe de dissolution, tout au moins un avertissement ?

A la Chandeleur, cailles et perdrix quittent leurs assemblées et, sans même prendre conseil de M. le Corbeau, elles s'accouplent et s'en vont deux par deux faire leur nid ; c'est l'union de nature. Mais à la moisson suivante, les blés se seront repeuplés de nombreux oisillons et ceux-ci sacrifieront librement à leur tour à l'éternel amour pour la perpétuation de leur espèce.

20 août 1907.

Morale : dans la société humaine il est nécessaire assurément de garantir la femme par le mariage civil contre l'égoïsme brutal de l'homme ; mais l'amour reste néanmoins la seule garantie effective d'indissolubilité morale du mariage et à ce point de vue peut-on dire même que l'enfant ne peut être moralement légitime que si sa conception a reçu la consécration de l'amour pur. Aussi le divorce par simple consentement mutuel ou même, en principe, par la volonté d'un seul des époux s'imposera-t-il toujours rationnellement au regard de l'ordre moral pour empêcher que ne se perpétue une union reconnue discordante.

XXX

La rénovation du mariage.

Il est rare que l'amour charnel, sous l'empire
exclusif des sympathies instinctives qu'il crée
spontanément, accouple des individus impro-
pres originairement à une reproduction normale et saine ; or, cette reproduction étant la
seule fin qui soit voulue par la nature physique explique l'instinct polygamique de l'homme
dans l'ordre physique.

L'amour pur n'est, au contraire, qu'une affinité acquise que des circonstances, surtout
d'ordre moral, quoique aidées généralement des
sympathies charnelles, ont développée dans
l'âme ; c'est pourquoi l'amour pur ne s'univer-
salise pas d'instinct comme l'amour charnel
qui est un sentiment de nature.

La polygamie dans l'ordre physique et la
monogamie dans l'ordre moral peuvent donc
s'associer parfaitement chez le même individu
sans qu'il y ait en cela aucune inconséquence

de raison. Cependant, au fur et à mesure qu'il se développe, l'amour pur paralyse de plus en plus l'instinct polygamique chez l'homme comme chez la femme, au point même de triompher finalement de la chair, et c'est précisément à ce moment que le couple humain se trouve unifié en un seul et même être ; l'amour pur et l'amour charnel se trouvent juxtaposés dès lors comme le sont, en quelque sorte, les radiations calorifiques et les radiations lumineuses dans la lumière naturelle du soleil.

Mais puisque l'amour charnel sert l'amour vrai et qu'il en est même pour une grande part la cause déterminante, l'homme doit toujours se laisser guider d'instinct par la sympathie charnelle dans le choix d'une femme, et réciproquement, en vue du mariage.

Néanmoins, et c'est sur ce principe que doit reposer notre réforme, il ne convient pas que le mariage soit rendu définitif avant que l'amour pur ait pris assez de consistance pour détruire ou tout au moins pour enchaîner l'instinct polygamique chez l'homme comme chez la femme.

Grâce à la sympathie qu'il crée, l'amour charnel ou plutôt le désir charnel peut, en effet,

très bien engendrer l'amour pur en dehors de
la pratique elle-même de l'acte charnel, et c'est
pourquoi il est préférable, à cause des conséquences dangereuses qui peuvent en résulter
pour la femme, que celle-ci ne se donne entièrement à l'homme que lorsqu'elle est sûre de
son affection, quoique nous pensions cependant que l'amour pur qui peut naître dans la
pratique de l'acte charnel doive offrir encore
plus de garanties de stabilité qu'autrement,
parce que cet acte établit entre l'homme et la
femme une intimité naturelle et absolue qui leur
permet, au surplus, de prendre une connaissance plus parfaite de leurs caractères et de
leurs sentiments et, en outre, de s'unifier plus
étroitement, sans aucune arrière-pensée, en un
seul et même être.

L'union libre, à titre provisoire, et à la condition qu'elle soit réglée par un acte officiel
qui constitue une formalité préliminaire au mariage légal, serait donc, en principe, une solution très rationnelle si cette union pouvait
avoir elle-même un caractère quasi légal qui
mît d'ores et déjà la femme à l'abri de l'égoïsme
de l'homme.

Or, voici une solution qui pourrait convenir et qui nous semble pratique et simple : elle consisterait à introduire dans les mœurs la coutume que nous appellerons coutume des *libres fiançailles,* sous la condition expresse que celles-ci fussent consacrées officiellement par un acte notarié qui accorderait aux fiancés un certain délai d'observation durant lequel ils pourraient se fréquenter librement comme s'ils étaient définitivement mariés, mais sans cependant s'appartenir charnellement de droit et quoique, si des enfants survenaient durant ces accordailles, l'homme se trouvât néanmoins obligé envers ces enfants. La durée des libres fiançailles serait fixée par une loi, et à l'expiration du délai légal le mariage serait ou rompu par une simple annulation officielle du premier acte notarié ou bien définitivement consacré, et c'est alors à cette occasion qu'auraient lieu les réjouissances familiales qui accompagnent ordinairement les mariages.

Voici, au surplus, un exposé succinct des pratiques successives auxquelles cette coutume nouvelle donnerait lieu : tout d'abord un contrat serait passé comme habituellement par-devant notaire entre les futurs conjoints pour régler les conditions pécuniaires du mariage et la passation de cet acte ouvrirait précisément l'ère des libres fiançailles qui aurait une durée minima de trois mois et une durée maxima de six mois.

A l'expiration de ce délai, le contrat passé serait rendu définitif ou bien purement et simplement résilié à la demande de l'un ou de l'autre des contractants.

Toutefois la résiliation devrait être consacrée par un acte officiel ; pour éviter une décision hâtive et irréfléchie la loi obligerait que la demande en résiliation fût réitérée deux fois par intervalles successifs de quinze jours et formulée, dans les deux cas, par-devant notaire.

Une loi fixerait, d'autre part, la paternité des enfants qui viendraient éventuellement à naître de cette union temporaire ; un jugement serait, en outre, rendu pour régler toutes questions litigieuses pendantes entre les parties : fixer les indemnités respectives s'il y avait lieu en cas de préjudices graves, décider de la garde des enfants, etc.

L'avantage capital de cette réforme consisterait surtout dans la liberté qu'aurait la femme de vivre tout à fait maritalement avec son fiancé ou, au contraire, de ne lui accorder qu'une demi-intimité.

En revanche, la levée des fiançailles consacrerait l'union physique et morale des époux qui seraient considérés comme formant dès lors une même individualité que le divorce légal pourrait seul résoudre à l'avenir, et ils auraient par conséquent les mêmes droits et les mêmes libertés.

Enfin ce serait précisément à l'occasion de cette levée des fiançailles qu'auraient lieu les réjouissances familiales habituelles.

Les mariages qui seraient conclus de cette manière offriraient sans doute beaucoup plus de stabilité qu'aujourd'hui, parce que les fiancés se connaîtraient mieux au moment de leur union définitive ; en outre, au point de vue moral, la jeune fille n'aurait plus à subir l'humiliante brutalité d'un homme qu'elle ne connaîtrait pas la plupart du temps et qui pourrait, sous le couvert de la loi et de la religion, se livrer sur elle à un véritable viol légal, d'autant plus immoral d'ailleurs qu'elle serait plus ignorante de la vie.

Or, ce dernier cas se présente, à vrai dire, couramment dans les mariages bourgeois et plus généralement même dans tous les mariages dits de « raison » où la jeune fille ne se donne, le plus souvent, qu'à son corps défendant et parce que les parents le veulent ainsi pour équilibrer leur fortune.

N'est-ce pas, d'autre part, une pratique répugnante, pour une mère, que cette initiation de la dernière heure où il lui faut dévoiler à sa fille le secret des pratiques charnelles qu'elle va devoir subir, alors même qu'elle n'en a été informée au préalable d'aucune manière si son éducation a été purement religieuse ?

Aussi appartient-il à la société nouvelle de défendre la jeune fille, à la fois dans sa dignité et dans son cœur, contre l'égoïsme de ses parents ; or, c'est principalement ce but qu'au nom des principes sacrés de justice et d'amour nous nous proposons d'atteindre par la pratique légale, sincère et universelle des libres fiançailles, envers et contre toute autorité religieuse, envers et contre toute résistance paternelle.

12 janvier 1908.

L'amour charnel engendre l'amour pur et reste ensuite son plus sûr soutien ; c'est pourquoi, pour la femme, l'art de plaire, au physique comme au moral, est aussi l'art de se faire aimer.

XXXI

De la fidélité dans le mariage.

La raison nous interdit-elle de tromper notre femme ?

Autrement dit, pouvons-nous tromper notre femme sans troubler conséquemment les lois de nature qui dirigent notre évolution physique et morale ?

Non, répond la raison, si la liaison que nous contractons doit nous détacher de notre foyer ou simplement diminuer notre amour pour lui.

En effet, en outre que cette liaison trouble toujours notre bonheur familial qui, d'expérience universelle, est le suprême bonheur auquel l'homme puisse atteindre sur la terre, elle devient un crime de lèse-nature lorsqu'elle est destructrice de l'unité familiale, parce qu'alors elle est destructrice de la famille elle-même, puisque celle-ci repose sur l'amour familial de nature, dont le principe moral intégrant est, pour l'homme moral, l'amour pur, qui est un sentiment essentiellement monogamique.

La raison fait cependant exception dans une certaine mesure, quoiqu'elle la réprouve moralement, pour la polygamie que pratiquent les peuples orientaux ; mais c'est seulement parce que celle-ci respecte dans sa pratique le principe essentiel de l'unité familiale et qu'alors il n'existe plus aucun autre motif plausible que puisse justement invoquer l'ordre physique pour interdire à l'homme d'apaiser les désirs charnels qu'éveille en lui l'instinct polygamique.

Au surplus, grâce à son caractère exclusif de toute liaison durable, et pourvu qu'il soit entouré de garanties absolues de stérilité, l'amour anonyme peut être franchement toléré par la raison ; il le peut même d'autant mieux qu'il est avéré que, par suite du violent dégoût qu'il inspire généralement après son exercice, il tue le désir charnel et exalte, par contraste, l'amour de l'homme pour sa propre femme.

A ce point de vue, la prostitution présente ainsi une utilité sociale incontestable, et c'est sans doute ce qui explique qu'elle ait pu résister sous tous les siècles aux attaques du puritanisme religieux.

D'ailleurs il est impossible que l'homme tue en lui l'instinct polygamique, parce que cet instinct est un sentiment de nature et qu'un sentiment de nature est essentiellement inviolable. Il peut seulement l'enchaîner grâce à l'amour pur qui est, au contraire, un sentiment monogamique ; mais à défaut de ce secours, l'homme ne peut apaiser l'instinct polygamique qu'en tuant le désir charnel, qu'il suscite, aussitôt que ce désir commence à naître ; or, c'est précisément, croyons-nous, par la pratique seule de l'amour anonyme qu'il y peut parvenir, avec le moindre danger.

Puisque, au point de vue qui précède, la prostitution est un vice indispensable au regard de la raison, la société est donc coupable de n'en pas accepter plus franchement l'usage en la réglementant au lieu de se confiner à son égard dans une hypocrisie malsaine qui ne peut qu'aggraver le mal qu'elle occasionne au lieu de l'atténuer.

Il est du reste reconnu, et cela vient à l'appui de notre thèse, que les peuples les plus puritains et les plus apparemment austères sont, sous le rapport des mœurs, presque toujours les plus dépravés clandestinement, comme si

le vice charnel cherchait précisément à se cacher sous le masque de la vertu pour ne se pas
faire honte à lui-même.

Quelque gêne au surplus qu'il ait à l'avouer,
l'homme succombe fatalement à la tentation de
la chair lorsqu'il n'en est pas préservé par un
travail physique ou cérébral intense et soutenu ; s'il y résiste par crainte du préjugé, en
revanche il exalte toujours le désir charnel
que cette tentation éveille en lui et qui peut
alors devenir irrésistible et, non seulement le
détourner de son foyer, mais encore éveiller en
lui des vices honteux et obscènes. Aussi, mieux
vaut-il, dans ces conditions, accepter l'inévitable
et entre deux maux choisir le moindre, c'est-à-
dire, en l'occurrence, très franchement et très
loyalement élever la prostitution à la hauteur
d'une véritable institution morale.

Eh oui, nous disons « institution morale »,
sans crainte de démériter, sinon du puritanisme,
du moins de la pure raison pour une telle conclusion. Qui peut nier, en effet, que la pratique
de l'amour anonyme ne laisse toujours chez
l'homme un remords mêlé à la fois de honte et
de colère à l'égard de la chair et qu'en conséquence cette honte ne le détache du vice et

n'accroisse en même temps son amour pour sa propre femme ? Or, tout ce qui est susceptible de grandir cet amour — à supposer toutefois que l'homme ait contracté une liaison qui le rende possible, c'est-à-dire une liaison qui soit légitime au regard de l'ordre physique et de l'ordre moral — sert par cela même l'amour familial et partant aussi la loi essentielle du beau, puisque cette loi commande à tous les sentiments de nature et que l'amour familial est le premier de ces sentiments, en tout cas le plus sublime autant que le plus impérieux de tous, puisqu'il est le fondement de la famille humaine. Au reste l'amour n'a pas même, en réalité, à se défendre contre les tentations de l'instinct polygamique en raison de la double sympathie physique et morale qu'il inspire et qui suffit généralement à enchaîner l'instinct polygamique, au point qu'il est permis de dire que l'amour pur est essentiellement monogamique.

Assurément un grand nombre de femmes peuvent éveiller chez le même homme une égale sympathie charnelle et morale, mais cela n'implique cependant pas nécessairement contradiction aucune avec nos conclusions précédentes ; s'il n'existait, en effet, qu'une seule femme au monde qui pût convenir normalement à un même homme, il serait presque impossible à ces deux êtres de se rencontrer parmi la multitude innombrable des humains, ce qui serait absurde.

Grâce à l'instinct polygamique, au contraire, l'homme peut aisément reconnaître la femme qui convient charnellement à son tempérament et, pour fixer son choix définitif, il ne lui suffit plus dès lors que de rechercher, parmi toutes celles qui lui inspirent une égale sympathie charnelle, la femme pour laquelle il ressent, en outre, la plus forte sympathie morale ; dans ces conditions, et si cette double sympathie physique et morale est réciproque entre l'homme et la femme, la nature sera entièrement satisfaite car leur union sera, peut-on dire, parfaitement légitime au regard de l'ordre physique et de l'ordre moral.

S'il est exact que les enfants de l'amour sont toujours beaux et sains de corps et d'esprit, comme l'affirme le proverbe, ce doit être sûrement parce qu'étant nés d'une union parfaitement normale ils sont eux-mêmes des produits normaux de l'évolution et partant marqués comme tels au sceau du progrès.

Ainsi, de même qu'elle punit ceux qui lui désobéissent en exerçant sur eux sa justice immanente, la nature récompense, au contraire, ceux qui obéissent à ses lois en donnant à leurs enfants à la fois la santé du corps et la vigueur de l'esprit, qui sont incontestablement les biens les plus précieux de la vie.

Malheureusement pour la société moderne, il est rare que les mariages y soient contractés dans ces conditions normales, surtout parmi les classes aisées ; le choix des époux repose le plus souvent, en effet, sur des considérations purement économiques : l'homme recherche une dot et la femme, en revanche, exige que l'homme ait une situation sociale acquise. Au lieu de s'unir pour vivre d'une même vie, on se marie aujourd'hui dans des conditions d'aisances qui dispensent des obligations sociales mais qui, en revanche, n'apportent aux époux aucun motif d'amour ou de sympathie. Ce sont d'ailleurs ces mêmes mœurs coupables qui ont de tout temps obligé les religions à instituer des règles très rigoureuses pour affermir ces unions disparates, afin de sauvegarder néanmoins le principe de l'unité familiale.

Une union normale, au contraire, n'a besoin

d'aucune contrainte religieuse pour son maintien, car la loi essentielle d'amour familial est
son soutien naturel le plus sûr et qui défie toutes
les lois humaines ; mais c'est, hélas ! l'éternelle sottise des hommes d'appeler vertu l'hypocrisie puritaine et de prétendre faire ainsi de
l'erreur la loi du monde.

Au surplus, si la nature récompense toujours
ceux qui obéissent à ses lois, elle ne manque
pas, non plus, de prendre sa revanche dans le
cas contraire ; or, sans aucun doute, l'adultère,
avec toutes ses conséquences affreuses auprès
de la famille, est déjà une des formes les plus
habituelles de cette revanche. A ce point de
vue, il est même permis de dire que le divorce
est une institution sociale que la nature elle-
même réclame impérieusement, tant il est vrai
qu'elle s'applique par tous moyens à désagréger
impitoyablement les associations ou les institutions humaines, quelles qu'elles soient, qui
ont été établies en dehors de ses moyens propres.

26 février 1909.

Lorsqu'il s'applique à des cas d'unions manifestement
illégitimes au regard de l'ordre physique ou de l'ordre

moral, et quelques graves inconvénients qu'il présente à l'égard de la famille, le divorce sert pleinement la nature dans ses vœux les plus élevés parce que celle-ci, dans son égoïsme apparent, veut avant tout le progrès de la race suivant les lois universelles de l'évolution, en sorte que tous les désirs et tous les instincts qu'elle donne aux individus convergent généralement vers ce but essentiel ; or, c'est précisément pourquoi toutes violences qui sont faites aux lois de l'amour familial et, *à fortiori,* aux lois de l'amour pur qui en est, peut-on dire, le principe moral intégrant, sont fatalement destructrices de tout bonheur vrai : quelque fortune que l'on ait, l'amour trahi laisse toujours au cœur, en effet, un deuil immense que rien ne peut effacer et qui sans compensation possible empoisonne toutes les joies de ce monde.

XXXII

De la protection des vieillards.

Il existe dans l'amour maternel un caractère instinctif qui en fait un sentiment de nature immuable et incorruptible.

Dans l'amour paternel, ce même caractère est toutefois plus sujet à caution et il semble bien, en tout cas, qu'il ait besoin d'être soutenu par les deux autres caractères sociaux qu'il a de communs avec l'amour maternel et qui sont d'ordre acquis et d'ordre sentimental, suivant les définitions que nous avons données par ailleurs de l'amour maternel (1).

Quoi qu'il en soit, le premier de ces caractères est assez puissant chez la femme pour qu'on abandonne sans crainte à celle-ci la garde de ses propres enfants.

Mais ce caractère de nature a-t-il généralement sa réciprocité dans l'amour filial ?

(1) Lire l'article : « De l'amour des parents pour leurs enfants ».

Assurément non, car le caractère de l'amour filial est surtout d'ordre social.

La voix du sang (1), si aucun sentiment acquis ne la renforce, ne parle pas davantage ni autrement, en effet, chez l'homme que chez les animaux ; de toute manière, elle va bien plutôt des parents aux enfants que des enfants aux parents. Aussi les parents doivent-ils, s'ils veulent être aimés de leurs enfants, cultiver l'amour qu'ils en attendent en quelque sorte comme on cultive une fleur, et est-ce par des sacrifices incessants ou par un dévouement constant qu'ils s'y doivent employer, à défaut d'une contrainte religieuse.

En présence aujourd'hui de l'affaiblissement quasi général du sentiment religieux, les parents doivent donc avec juste raison craindre que ne disparaisse l'amour filial chez leurs enfants lorsque au lieu de leur être utiles ils leur seront à charge dans la vieillesse.

Assurément, beaucoup d'enfants continue-ront quand même d'aimer leurs vieux parents ; cependant il n'en demeure pas moins vrai que l'amour filial, étant presque exclusivement d'or-

______

(1) Lire l'article : « De la fraternité en général. »

dre acquis, ne saurait offrir par lui-même, en général, la garantie d'un sentiment de nature.

Il convient donc que la société supplée à cette lacune de la nature et prenne elle-même l'initiative de protéger les vieillards contre l'égoïsme toujours possible de leurs enfants.

Mais ce serait un crime moral d'encaserner les vieillards dans des hospices où ils seraient arrachés à leur campagne ou à leur ville, et privés en outre de leur liberté habituelle. Aussi, conviendrait-il, pensons-nous, que chaque commune construisît une maison de retraite pour ses propres vieillards et que cette maison fût aménagée de manière qu'ils y pussent vivre selon leurs propres moyens et dans la plus grande indépendance possible.

Une même organisation économique leur devrait assurer toutefois la nourriture, le chauffage, l'éclairage et l'entretien, ainsi que les soins hygiéniques et médicaux qui leur seraient nécessaires.

En retour de cette protection qu'il leur accorderait, l'État recevrait une part de la fortune qui serait laissée par les vieillards, à charge qu'il partage lui-même ensuite avec les communes.

Voici au surplus les proportions qui pourraient être établies pour déterminer cette part d'héritage qu'aurait l'Etat dans les principaux cas qui se présenteraient, suivant le degré de parenté des héritiers existants :

1° Le tiers, en présence d'héritiers du premier degré, enfants légitimes ou reconnus, qui recevraient les deux tiers restants ;

2° La moitié, en présence seulement d'héritiers du second degré, frères et sœurs, qui recevraient la moitié restante ;

3° Les deux tiers, en présence seulement d'héritiers du troisième degré, neveux et nièces, cousins germains et cousines germaines, qui recevraient le tiers restant ;

4° Les neuf dixièmes, en présence seulement d'héritiers du quatrième degré, cousins issus de germains, qui recevraient le dixième restant;

5° La totalité, à défaut d'héritiers ou en présence seulement d'héritiers d'un degré supérieur au quatrième.

Toutefois, il serait juste que l'on permît aux vieillards, dans une certaine mesure, de favoriser par testament les parents ou les étrangers qui leur auraient été dévoués durant leur vie.

22 août 1907.

XXXIII

Sur le divorce.

On peut tenir pour à peu près certain que tout homme qui se marie à une femme veuve ou divorcée qui a des enfants finira tôt ou tard par être obsédé par la présence de ces enfants dans son foyer, parce qu'ils lui rappelleront à tout instant que sa femme a été possédée par un autre homme ; cette obsession pourra même parfois devenir haineuse à l'égard de ces enfants par suite d'une véritable jalousie posthume qu'il éprouvera malgré lui contre leur père et qui sera d'autant plus violente qu'il aimera mieux sa femme.

Mais il y a plus, et c'est là sans doute le cas psychologique le plus à redouter en pareille circonstance, il pourra arriver aussi que ces enfants soient détestés par leur mère elle-même si elle aime sincèrement son nouveau mari. En effet, malgré que celui-ci en taise toujours la cause s'il est un homme de bonne

4***

éducation, sa femme devinera sûrement d'instinct que c'est par excès d'amour pour elle qu'il souffre ; aussi partagera-t-elle son tourment et finira-t-elle par en être obsédée elle-même. Or, c'est précisément ce tourment qui tendra peu à peu à diminuer son amour pour ses propres enfants du premier lit et qui, en tout cas, contrariera son affection pour eux, d'autant plus d'ailleurs qu'elle aura moins vécu avec eux, s'ils ont été élevés en nourrice, et qu'en outre elle aura moins aimé leur père.

Certes, tous les enfants d'un premier lit ne seront pas martyrisés de ce seul chef par leurs beaux-parents, parce que la raison et la conscience rappelleront le plus souvent à ceux-ci que ces enfants sont eux-mêmes victimes d'une situation dont ils ne sont pas responsables et qu'il serait injuste de leur en faire porter le poids. Il faut voir pourtant en cela la cause fondamentale, sans doute, des mauvais traitements que subissent, assez fréquemment encore en pareils cas, les enfants martyrs et qui déconcertent surtout, au premier abord, lorsque c'est par leur propre mère que ces enfants sont martyrisés. Or, il y a trois sentiments bien distincts dans l'amour maternel (1) et qui sont : d'abord l'amour de nature ou l'amour animal que nous nommons ainsi parce qu'il s'observe dès l'origine au même degré chez les animaux que chez l'homme, et parfois avec plus d'intensité même chez ceux-là que chez ceux-ci ; puis l'amour de sentiment qui a sa source dans l'affection qu'a la mère pour son mari ; enfin l'amour de sociabilité que la mère acquiert pour son enfant en l'élevant elle-même, vivant avec lui, recevant ses premières caresses.

Par conséquent, la femme qui met son enfant en nourrice et qui n'aime pas son mari, comme il arrive très fréquemment dans les mariage dits « de raison », ne pourra vraisemblablement aimer que d'instinct son enfant, c'est-à-dire que de la seule manière dont une femelle aime ses petits. Aussi, lorsque ce sentiment unique est combattu par des forces de haine comme celle que nous venons de définir, pourra-t-il fort bien arriver que ces forces l'emportent sur lui et c'est pourquoi, au point de vue particulier du bonheur des enfants, le

(1) Lire l'article : « De l'amour des parents pour leurs enfants et du rôle moral de la volonté procréatrice ».

divorce est incontestablement une très mauvaise institution en soi lorsqu'il rompt une union qui a été productrice d'enfants.

— Mais est-ce à dire, cependant, qu'il faille nécessairement rejeter le divorce pour cette seule raison et sans tenir compte, par conséquent, de l'intérêt des parents ?

Tournons la question et prenons un exemple :

Une jeune mère que ses parents ont sacrifiée à leur égoïsme par un mariage de raison avec un homme indigne doit-elle fermer pour toujours son cœur à l'amour pour les enfants de ce lit exécré ?

Or, en quoi d'abord et pourquoi devrait-elle ce sacrifice à ces enfants ?

Et qui peut prouver d'ailleurs, *à priori*, que ceux-ci justifieront plus tard par leur mérite un pareil sacrifice ?

Au reste, nés d'une union illégitime au regard de l'ordre moral, leur conception n'a été ni voulue ni préparée par aucune volonté procréatrice supérieure, et déjà de ce seul fait ils sont des êtres anormaux moralement et peut-être même physiquement aussi ; seules, en effet, les unions qui s'opèrent sous l'influence

réciproque d'une double sympathie charnelle et morale (1), ou tout au moins d'une
sympathie charnelle (2), sont aptes à engendrer une descendance normale, c'est-à-dire
une descendance vigoureuse et saine au physique comme au moral. En sorte qu'à ce point
de vue les malheureux enfants qui naissent
d'unions entièrement disparates semblent bien
devoir être privés en grande partie — et ils le
seraient vraisemblablement toujours sans les
influences compensatrices d'atavisme — des
bons instincts que la nature lègue, au contraire,
aux enfants qui ont été conçus selon ses lois
générales. Aussi, est-il permis d'admettre qu'il
y a toute chance pour que, tout au moins, ces
enfants ne vaillent pas plus que leur mère et
peut-on, par conséquent, en conclure que rien,
dès lors, ne justifie, au regard de la nature, le
sacrifice total que cette mère pourrait faire,
pour eux, de son amour.

Mais il y a plus : l'amour n'est-il pas la

____

(1) Lire l'article : « De la fidélité dans le mariage ».

(2) De mauvais ménages peuvent être unis par une sympathie simplement charnelle et être en état cependant de procréer dans des conditions physiques normales. Voir l'article :
« Du rôle des passions charnelles dans l'amour sentimental ».

grande loi du monde moral et ne devons-nous pas en conséquence l'obéissance absolue à cette loi ? Fermer son cœur, alors que la nature invite impérieusement, au contraire, à l'ouvrir à l'amour, c'est donc commettre un véritable crime d'ordre moral. Aussi peut-on dire, en définitive, que c'est la nature qui réclame elle-même le divorce dans tous les cas d'unions qui ont été consacrées à l'encontre de ses lois propres.

Cependant si la femme, aussi bien d'ailleurs que l'homme, pour des raisons analogues, ont droit naturellement au divorce toutes les fois que leur union a été mal assortie, du moins l'ordre social exige-t-il qu'après leur divorce et dans le cas où ils se remarieraient séparément, leurs enfants du premier lit ne soient pas abandonnés sans défense à un beau-père ou à une belle-mère qui les pourraient détester. Aussi, croyons-nous qu'en ce cas la tutelle matérielle et morale de ces enfants devrait pouvoir revenir de droit et exclusivement à l'Etat ou tout au moins concurremment à l'Etat et aux grands-parents.

Il serait juste cependant que les parents qui ne seraient pas remariés pussent avoir également ces mêmes droits sur leurs enfants concurremment avec l'État ou, du moins, ces mêmes droits sous certaines conditions qui seraient fixées, dans chaque cas particulier, par le jugement qui prononcerait le divorce.

D'autre part, en cas de mort de l'un des époux dans le mariage, ce qui, au point de vue des enfants, ne constituerait un cas analogue au divorce que si le survivant se remariait, il serait juste également que celui-ci pût conserver un droit exclusif de tutelle s'il ne se remariait pas.

Toutefois, nous estimons que lorsqu'un mariage a été contracté en toutes sympathies charnelles et morales réciproques, il serait extrêmement beau et extrêmement moral qu'en cas de mort de l'un des époux le survivant ne se remariât pas et reportât alors tout son amour sur ses enfants.

En sorte que, tout bien considéré, le divorce à ce dernier point de vue, serait en réalité une institution tout à fait immorale en soi et qui ne saurait être justifiée, par conséquent, qu'à titre de réparation d'une première faute encore plus immorale, c'est-à-dire d'une faute qui résulterait précisément de la consécration d'une union disparate au regard de la nature et partant réprouvée par elle.

Qui sait, d'ailleurs, si le malheur profond dont les parents sont généralement frappés par le divorce dans leurs plus chères affections à l'égard de leurs enfants n'est pas, en réalité, un châtiment immanent de l'ordre moral ?

Que les mariages s'effectuent donc en toute légitimité physique et morale, dussent-ils même pour cela s'accomplir, dans une certaine mesure, librement (1), et alors, mais alors seulement, il sera possible, sans danger d'injustice, et comme désormais tout à fait superflu, de rayer le divorce de nos institutions sociales.

17 avril 1908.

La puissance du préjugé est si forte que c'est, le plus souvent, bien plutôt par suite de circonstances indépendantes de sa volonté que l'homme lui fait obstacle que par pur esprit de justice ou d'indépendance.

(1) Lire l'article : « De la rénovation du mariage ».

XXXIV

Le triomphe de la paix.

L'amour familial est un sentiment supérieur si absolu et si incorruptible qu'il désarme la fortune elle-même.

Quel est le père, vraiment digne de ce nom, qui ne ferait pas, en effet, le sacrifice total de ses biens pour sauver la vie de ses enfants ?

Et combien, par conséquent, ce sentiment est incompatible avec le chauvinisme de conquête qui cause tant d'hécatombes humaines pour le seul bénéfice d'un peu plus de terres ou d'un peu plus de gloire !

Or, l'amour, en général, est l'aboutissant rationnel de toute morale et la morale a pour fonction de répandre la loi d'amour universellement dans le monde. La morale doit donc à ce titre répudier la guerre de conquête.

Mais d'autre part la justice n'est-elle pas l'aboutissant également rationnel de tout progrès social comme aussi bien de toute morale.

La morale doit donc encore, à ce nouveau titre, c'est-à-dire au nom de la justice, répudier la guerre et la répudier même en général, par conséquent jusque dans son principe, comme moyen de règlement des différends entre nations, puisque ce moyen ne met en jeu que les seules forces matérielles.

La morale ne peut donc logiquement autoriser la guerre qu'autant que la justice est opprimée par la force brutale et qu'elle ne saurait l'en dégager sans un effort de même nature.

Novembre 1907.

Tous les efforts de la démocratie doivent tendre vers l'établissement de la justice, car la justice seule peut assurer le triomphe définitif de la paix dans le monde sans le secours de la force brutale, à la condition toutefois que l'idée de justice soit entendue en cela dans son sens absolu, non pas dans un sens simplement relatif aux vues propres d'un parti politique ou d'une caste sociale quelconques.

XXXV

Causes fatales de l'égoïsme moderne.

Ce qui angoisse le plus l'homme aujourd'hui, c'est assurément l'isolement quasi absolu, aussi bien au physique qu'au moral, où le laisse, sans compensation suffisante jusqu'à présent, la désorganisation qu'a apportée dans les institutions fondamentales de l'ancienne société l'esprit d'émancipation moderne.

C'est ainsi qu'a disparu, sous cette influence, le nid familial où l'homme en détresse pouvait toujours trouver asile pour lui et pour les siens ; c'est ainsi qu'a disparu également l'autorité religieuse de laquelle l'homme désemparé pouvait toujours recevoir une parole consolatrice.

Or, il semble douteux que l'on puisse trouver des héros dans une société, quelle qu'elle soit, où l'homme qui serait appelé à faire le sacrifice de sa vie saurait que sa mort va priver les siens du seul soutien matériel et moral qu'ils aient sur la terre. Demander purement et simplement à l'homme un tel sacrifice est absurde, car, dans la quasi généralité des cas, l'amour familial, qui est un sentiment de nature, domine chez lui tous les autres sentiments et l'empêche, par conséquent, d'accomplir tout sacrifice qui doit être funeste aux siens sans nulle compensation ; aussi, l'isolement presque absolu où il se trouve, de nos jours, est-il vraisemblablement, pour une grande part, la cause fatale de son égoïsme et y a-t-il même sans doute injustice, dans ces conditions, à lui faire un reproche de ce sentiment.

Mais, ce ne sera ni avec la seule puissance de l'argent ni avec la seule force brutale que l'on pourra jamais remplacer les avantages moraux qu'offraient les anciennes institutions religieuses ; aussi l'on aura beau dire et beau faire, il faudra bien revenir quand même, tôt ou tard, à quelque chose d'analogue. Ce n'est pas toutefois qu'il faille ainsi nécessairement rebâtir le vieux clocher ; du moins devrat-on toujours faire entendre, de sa même place, les mêmes appels à la concorde et à la charité. Autrement dit, toujours des hommes voués au culte du beau et du bien, apôtres sincères de la charité universelle et vrais fils de Dieu, devront faire entendre aux profanes des paroles de pitié et de miséricorde analogues à celles qu'a prononcées Jésus il y a 2.000 ans.

Il faut, en effet, pour la paix morale du monde, qu'au-dessus du peuple règne une institution de pure charité dans laquelle celui-ci sente des cœurs battre d'amour pour lui et qu'ainsi l'amour lui soit enseigné par l'exemple même de l'amour, c'est-à-dire par la charité du cœur.

Qu'on le sache, à défaut de l'amour, c'est la haine qui grandit immanquablement dans le cœur de l'homme ; or, seule une puissante organisation analogue à l'organisation religieuse pourra prêcher d'exemple l'amour aux humbles avec utilité.

Au reste, à quelque classe qu'ils appartiennent, les hommes auront toujours, du fait de leurs bas instincts, et en dépit de toute solidarité d'ordre purement matériel, des sujets de discorde entre eux dans la vie sociale ; en sorte que si aucune puissance morale supérieure n'intervient à tout instant pour apaiser ces discordes, il arrivera sûrement qu'au bout de très peu de temps, et quelques décrets dont on puisse armer le code civil pour y remédier, la haine emplira le monde et créera un désordre universel dans la société humaine.

Ainsi l'ordre social repose incontestablement sur l'ordre moral, et tous deux doivent par conséquent coopérer simultanément à l'établissement de l'harmonie de sociabilité dans la société humaine ; aussi toute institution sociale ou toute politique dont le jeu consisterait systématiquement à aller à l'encontre de cette règle essentielle entraînerait-elle fatalement le corps social vers la désagrégation physique et morale.

14 février 1909.

On meurt d'excès de zèle autant que de tiédeur.

XXXVI

Mesures à prendre contre l'instinct d'égoïsme.

La première pensée intime d'un homme à l'égard d'un autre homme qui le gêne est une pensée haineuse qui ressortit à son instinct d'égoïsme.

Or, seule une forte éducation morale ou sociale peut prévenir à coup sûr une semblable manifestation dans le premier mouvement.

Il se pourrait toutefois qu'à défaut de cette éducation l'on obtînt des résultats à peu près identiques en établissant entre les hommes une solidarité d'intérêt qui donnât précisément satisfaction à leur instinct d'égoïsme et les amenât par conséquent, sous l'empire de ce même instinct, c'est-à-dire par intérêt, à se rechercher les uns les autres.

Tout au moins serait-il permis de croire que

cette solidarité créerait entre les hommes une sympathie d'intérêt et que cette sympathie suffirait le plus souvent à assurer la bonne harmonie dans leurs rapports sociaux.

2 février 1909.

La philosophie enseigne qu'il est toujours imprudent de fonder des institutions durables sur l'amitié sans exiger au préalable de celle-ci des garanties positives d'avenir à l'égard de ces institutions afin de les mettre précisément à l'abri d'une brusque inimitié, à moins toutefois que l'amitié ne porte en soi une garantie de durée qui ait la valeur d'un sentiment de nature.

XXXVII

Le secours de la solidarité.

Le meilleur moyen d'enrayer l'égoïsme, c'est d'établir entre les hommes une solidarité qui les oblige par intérêt à travailler pour le bien-être collectif. En effet, dans une société où l'homme travaillerait exclusivement pour le bien-être collectif, sans qu'il pût profiter lui-même directement de son travail, et à la condition, bien entendu, que cette coutume fût pratiquée par tout le monde, il arriverait nécessairement que la collectivité rendrait à chacun au moins autant qu'elle en recevrait et même davantage, vu que le rendement d'un travail collectif est toujours supérieur, à effort individuel égal, à celui d'un travail isolé ; en sorte que l'égoïsme de nature, qui est un sentiment inné chez l'homme, trouverait encore tout son apaisement dans cette coutume. L'individu deviendrait, au surplus, un véritable rouage dans la société et par conséquent, si l'organisation du corps social était parfaite, il ne devrait plus pouvoir tomber, comme à présent, dans l'état de dénuement extrême sans que le corps social en souffrît lui-même tout entier. Aussi, la pratique du bien pour soi par le bien pour les autres est-elle la seule qui puisse sûrement améliorer, en toute efficacité, comme en toute raison, la condition sociale des individus ; d'abord parce qu'elle permet un meilleur rendement de l'effort individuel ; ensuite, et surtout, parce qu'elle sert positivement l'instinct d'égoïsme.

Il semble peu probable toutefois que, de nos jours, le vulgaire puisse avoir ces mœurs, parce que par tradition il a trop encore l'amour de la propriété individuelle et que ce préjugé l'empêche d'avoir un même respect pour la propriété d'autrui que pour la sienne propre ; le paysan n'aurait, par exemple, aucun goût à planter un arbre qui ne devrait pas lui appartenir non plus que les fruits.

Pourtant, tout bien considéré, il est rare que l'on consomme ce que l'on produit ou ce que l'on récolte soi-même ; on vend presque toujours, au contraire, sa production ou sa récolte pour acheter ce qui est nécessaire à sa consommation personnelle. Or, ne peut-on déjà voir en cela une véritable mutualité très analogue même à celle que nous préconisons ici, avec simplement cette différence que dans notre cas non seulement les fruits, par exemple, n'appartiendraient pas en propre à celui qui les récolterait, mais non plus l'arbre qui les produirait ? C'est-à-dire que suivant nos vues tout l'effort individuel, à quelque emploi qu'il s'exerçât, serait rétribué en espèces par un salaire proportionnel à la valeur relative de cet effort.

L'avantage qui résulterait de cette réforme serait considérable parce que le travail pourrait être divisé, et qu'en conséquence son rendement augmenterait naturellement ; c'est ainsi que, pour ce qui concerne l'agriculture, le paysan n'aurait plus à s'occuper lui-même à la fois de fumer, de labourer et d'ensemencer sa terre, de faire sa récolte et d'en vendre le produit. Ce serait, je suppose, à l'ingénieur agronome qu'incomberait le soin de rechercher les engrais qui conviendraient le mieux aux différentes terres d'une même localité, d'étudier en outre les cultures rationnelles qui conviendraient le mieux à ces terres ; ce serait, d'autre part, à l'horticulteur qu'incomberait l'entretien des vergers, etc., etc. Au lieu d'exercer son activité sur toutes ces spécialités à la fois, le paysan l'exercerait seulement sur l'une d'elles qui lui conviendrait le mieux et il pourrait, par conséquent, s'y appliquer avec plus de connaissances spéciales en même temps qu'il profiterait d'une organisation générale supérieure qui faciliterait davantage encore sa propre tâche. En rémunération de son travail il recevrait un salaire, et certes il est permis de supposer que le montant de ce salaire serait notablement supérieur au prix de vente de la récolte qu'il aurait pu faire par la culture isolée et indépendante de sa terre.

Nous serions d'avis, toutefois, qu'on accordât à chaque famille le droit d'avoir un jardin privé où elle pourrait faire de la culture indépendante pour elle-même, sous la réserve toutefois qu'elle n'en pût vendre les produits, afin d'empêcher, par l'abus qui en pourrait résulter, le retour à l'ancienne coutume.

15 février 1909.

XXXVIII

Clauses restrictives de l'égoïsme.

La nécessité du pain quotidien est commandée par l'impérieuse loi qui règle le phénomène de la vie ; elle compte assurément parmi celles qui causent les plus graves soucis à l'homme et elle n'est sans doute pas la moindre excuse à son égoïsme absolu ou personnel, entendant ainsi le sentiment qui consiste dans l'amour exclusif de soi.

D'autre part, l'amour familial est commandé par une autre loi de nature tout aussi impérieuse qui oblige l'homme à aimer les siens par-dessus tout et crée, par conséquent, l'égoïsme familial qui s'ajoute à l'égoïsme personnel.

Il semble donc bien, *à priori*, que devant la nécessité du pain quotidien l'homme doive demeurer sans défense aucune contre l'égoïsme d'autrui.

Mais, fort heureusement, la sociabilité est réglée par une contrainte essentielle qui ressortit à la loi d'harmonie universelle et qui s'exerce précisément chez l'homme par l'action simultanée de sa conscience physique et de sa conscience morale, de manière à régler naturellement les rapports harmoniques qui doivent normalement exister entre ses actes physiques et ses actes moraux dans la vie sociale.

En sorte que, sous l'une ou l'autre de ses deux formes, l'égoïsme n'est réellement un vice qu'autant qu'il se trouve être en défaut manifeste avec la loi essentielle d'harmonie universelle ou avec les principes qui en découlent et en particulier avec ceux de solidarité qui sont les principes fondamentaux des lois sociales et qui fixent ainsi les limites au delà desquelles les actions égoïstes cessent d'être vraiment coupables.

2 janvier 1908.

XXXIX

Le secours de la légende.

Lorsqu'une légende populaire est belle et
fructueuse en résultats moraux, on n'a qu'à
perdre le plus souvent à remonter à la vérité
sur laquelle elle a pris naissance, qu'il s'agisse
des grands événements sociaux ou des grandes
figures de l'histoire, et mieux vaut sans doute
n'y pas procéder ou tout au moins convient-il
de cacher cette vérité aux profanes. La légende
avantage tellement, en effet, les hommes et les
choses, qu'il serait impossible en général de les
entrevoir sous le jour de la pure vérité sans un
très grand danger pour leur crédit, sans que,
au surplus, il en résulte une perte pour la
poésie humaine.

Il se pourrait même, très vraisemblablement, que parmi les personnages ou les événements les plus considérables qu'ait consacrés
la légende il s'en trouvât d'absolument vir-
tuels, que l'âme humaine ait simplement objec-

tivés sous l'empire d'une haute et universelle
aspiration : l'âme humaine en ce cas serait
pour ainsi dire allée sciemment d'elle-même
à l'illusion pour se créer un aliment et s'en
nourrir, comme c'est d'ailleurs son droit envers et contre toute vérité.

9 janvier 1909.

L'illusion est le meilleur aliment de l'âme et bien-
heureux ceux qui l'en peuvent nourrir.

XL

La part du vice.

La nature a créé parmi les hommes toutes les variétés d'aptitudes, de caractères et de passions ; mais ayant voulu, sans doute, établir un contraste pour exalter en eux la vertu, elle a créé également le vice sous toutes ses formes. En sorte qu'à ce point de vue le vice affirme incontestablement sa propre utilité morale.

Or, puisqu'elle admet ainsi le vice, la nature a donc dû en faire nécessairement la part en toutes choses, et c'est pourquoi, du moins pour ce qui est des passions charnelles, la fille de joie remplit, peut-on dire, une fonction sociale indispensable.

Ce n'est pas que la prostituée puisse, par cela même, prétendre à la considération morale qui s'attache à la vertu ; mais pourquoi serait-elle tenue nécessairement en mépris ?

Qu'elle ne soit pas femme au sens moral et

noble du mot, ni partant honorée comme telle, nous l'accordons, si l'on veut ; mais, en tant qu'être social, et quelque animalité qui s'attache à son genre, elle a droit à la commisération des hommes, tout au moins à leur indifférence exempte de mépris si elle l'est de pitié. C'est par eux, en effet, et pour eux seuls qu'elle existe ; si elle n'était pas, elle manquerait même à l'équilibre social tant les passions charnelles sont généralement violentes chez l'homme.

Au surplus, n'est-il pas affreux de penser qu'une belle âme puisse être fatalement absorbée de nos jours par le limon impur de la prostitution et rester cependant pure et vierge au moral, sans qu'aucune organisation sociale dans notre société bourgeoise puisse l'en arracher ? Ne serait-ce pas commettre, par conséquent, une double injustice, en ce cas, que d'ajouter le mépris à tant d'infortune ?

12 avril 1908.

Le mépris dans l'adversité comble l'injustice.

XLI

Le secours de la dignité.

Pour enrayer le vice, la morale n'a pas de moyens plus rationnels ni plus efficaces, en dehors de la violence, que d'accorder toujours un reste de dignité au misérable et de l'amener en même temps et surtout à apprécier la considération morale qui se rattache à cette dignité.

Le bannir irrévocablement de l'ordre moral, c'est, en effet, le dispenser d'avoir aucune dignité et partant lui permettre de se lancer à corps perdu dans le vice, puisqu'il n'aura plus dès lors aucune retenue d'ordre moral auprès de l'opinion publique.

Or, le vice est incurable dans ces conditions, car le misérable qui en arrive à mépriser totalement l'opinion publique se libère par cela même de toute contrainte morale et cesse par conséquent de rougir et de souffrir de ses exploits; on dit vulgairement qu'il a perdu le sens moral.

Que d'industries malhonnêtes, véritables foyers du vice, doivent ainsi leur fortune, dans les grandes villes, à la seule notoriété de malhonnêteté qu'elles font à ceux qui les exercent !

Dispensés de tout scrupule, ces industriels du vice n'ont plus que l'unique souci de s'abriter derrière la légalité pour couvrir leurs basses opérations.

21 juin 1908.

L'effronterie dénote le plus souvent une altération du sens moral ou tout au moins un défaut de dignité.

XLII

De la camaraderie dans les associations amicales.

Pour que la camaraderie soit productrice d'une véritable amitié, il faut qu'elle soit créée par la solidarité dans la lutte et qu'elle unisse par conséquent des tendances identiques ou des efforts qui s'ajoutent ; en un mot, il faut qu'elle ait une utilité positive et indispensable.

Nous devons naturellement excepter les cas de sympathie morale qui suffisent à engendrer des amitiés tout à fait désintéressées par l'effet d'une fraternité qui résulte d'un pur synchronisme des âmes.

Mais ce dernier cas se présente rarement, et ce n'est pas lui, en général, qui forme la camaraderie qui existe habituellement entre les membres des sociétés amicales, à quelque ordre qu'elles appartiennent.

Si donc ces sociétés n'ont pas pour objet d'établir une solidarité entre leurs membres en vue d'une lutte active à soutenir en commun, elles ne peuvent être amicales que de nom, ou bien, si elles sont productrices d'une certaine amitié, cette amitié est-elle le plus souvent superficielle et faite surtout de fierté ou d'orgueil, comme il arrive, par exemple, dans les sociétés qui commémorent un événement glorieux dont leurs membres ont été les héros.

L'homme, en effet, n'aime pas l'homme pour lui-même, à moins, avons-nous dit, qu'il n'ait pour lui une sympathie morale de nature ; il l'aime simplement pour le profit qu'il peut tirer de son commerce avec lui. C'est pourquoi les associations dites amicales qui n'ont aucun caractère politique ou religieux ni aucune tendance ambitieuse ou simplement présomptueuse, qui ne sont pas en un mot des sortes de castes égoïstes et jalouses de leurs prérogatives, partant étroitement fermées, c'est-à-dire les associations comme sont simplement, par exemple, celles des anciens élèves d'un même collège ou des anciens soldats d'un même régiment, doivent être surtout des œuvres d'assistance mutuelle parce qu'elles ne sauraient avoir une productivité effective de véritable amitié.

6 janvier 1909.

Il n'est pire promiscuité pour l'homme que celle de

l'homme lorsqu'elle est privée de toute sympathie morale et qu'en outre elle est gênante ; or, c'est ce caractère qui a dû faire dire sans doute que « l'homme est l'ennemi-né de l'homme ».

XLIII

De l'esprit autoritaire.

Dans son acception absolue, l'esprit autoritaire n'est le plus souvent qu'un esprit de présomption et d'insubordination.

L'homme qui a cet esprit prétend toujours, en effet, à une sorte de divination qui le rend infaillible à ses propres yeux et lui fait tenir comme juste, même envers et contre toute raison, tout ordre qu'il donne, toute opinion qu'il émet, toute raison qu'il expose. Il rejette, par conséquent, comme mauvaise, et sans même l'examiner, toute idée contraire à la sienne ; il se révolte, en outre, contre toute discipline qui l'atteint et qu'il désapprouve, cependant qu'il condamne impitoyablement et avec une intransigeance absolue toute rébellion contre sa propre volonté.

Or, cet homme est un danger pour la société lorsqu'il y occupe une fonction importante ; s'il parvient au pouvoir, il peut même déchaîner les pires malheurs sur son pays. C'est ainsi du reste que notre histoire est pleine de calamités qui sont imputables à la seule présomption autoritaire des dictateurs.

Il faut distinguer cependant l'autoritarisme de raison de cet autoritarisme de présomption.

Il est permis, en effet, d'être justement autoritaire ; il y a même, au surplus, sagesse à l'être si la volonté s'exerce, non plus dans un parti pris absolu d'insubordination, mais au contraire dans un esprit de parfaite soumission à la raison, d'où qu'elle vienne, pour ainsi libérer son propre jugement de tout préjugé ou de toute idée préconçue comme généralement de toute dépendance servile, et le faire triompher, en outre, du pur sentiment ou du simple caprice.

L'esprit autoritaire, envisagé dans cette acception, n'est donc plus absolu, puisqu'il accepte, au contraire, le contrôle de la raison, et c'est seulement lorsqu'il s'agit d'accomplir un acte rationnel qu'il s'exerce en toute rigueur absolue et sans aucunes restrictions ni réserves autres que celles qui lui peuvent être commandées précisément par la raison elle-même.

L'esprit autoritaire, sous cette forme, n'est

donc un esprit ni impulsif, ni capricieux, ni entier. Il n'agit, en effet, que selon la raison et il est toujours prêt à écouter, sans s'en formaliser, les conseils d'autrui ; il suivra même rigoureusement ces conseils s'il les reconnaît justes, soit qu'il les ait sollicités lui-même s'il s'est trouvé dans l'incertitude ou dans l'embarras, soit qu'ils lui aient été donnés après coup lorsqu'il était déjà engagé dans une mauvaise voie et lui vinssent-ils d'un inférieur ou de son pire ennemi.

Il n'a, par conséquent, ni orgueil ni fausse vanité, et c'est même toujours sans aucun froissement d'amour-propre qu'il reconnaît son erreur et la corrige.

Son opinion, en toute circonstance, et sur n'importe quel sujet, est ainsi uniquement subordonnée à la raison et n'a que la fixité que celle-ci lui commande ; fils de la raison, il lui est, en un mot, entièrement et exclusivement soumis et dévoué.

19 décembre 1907.

XLIV

De l'égalité sociale absolue.

On peut poser en principe que l'égalité sociale absolue n'est le plus souvent qu'une véritable inégalité.

Si, par exemple, deux individus quelconques et pris au hasard sont placés dans une même ambiance sociale avec des moyens rigoureusement égaux, il y a toute chance pour que, par le fait même de leur égalité absolue de conditions sociales extérieures, leur situation respective demeure cependant très inégale.

Cette inconséquence résulte, en effet, de ce que ces individus étant naturellement inégaux au physique et au moral possèdent des aptitudes et des dispositions générales dissemblables qui les empêchent de profiter également de mêmes moyens et partant aussi de se développer d'une manière égale dans une même ambiance; or, c'est précisément pourquoi l'égalité sociale absolue n'est pas seulement une utopie, mais encore une véritable inégalité sociale, partant une injustice au regard du principe même d'égalité.

Donnez la même arme à deux hommes : l'un saura s'en servir pour se défendre, tandis que l'autre ne réussira, au contraire, qu'à se blesser avec ; s'ils appartiennent à une même société, le premier sera par conséquent obligé de secourir le second, qui sera sans défense.

Or, il est rare que la nature donne à la fois aux hommes l'égalité des moyens et l'égalité des aptitudes ; aussi y aura-t-il toujours des êtres faibles et des êtres forts, et si ceux-ci prennent ceux-là sous leur tutelle, en revanche, leur réclameront-ils logiquement la renonciation partielle ou totale à leur droit naturel de libre évolution pour ainsi les tenir sous leur dépendance : c'est loi de force ; c'est loi de nature.

En réalité donc, il faut bien le reconnaître, le mot « égalité », dans son acception absolue, est si trompeur et si vague que l'on ferait bien mieux de ne l'employer jamais plus que pour orner le langage ou ajouter à l'éloquence, ou encore tout simplement pour rimer lorsqu'on voudrait, je suppose, s'écrier dans la langue de Boileau :

> Qu'importe donc l'égalité
> Pourvu qu'on ait la liberté !

3 juin 1908.

Il n'est pire inégalité que l'égalité sociale qui est faite d'inégalité morale.

XLV

De la fusion des classes.

On peut établir en principe quasi général
que la fusion intime des classes n'est possible
qu'à égalité d'éducation morale.

L'égalité sociale, en dehors de cette condition
essentielle, demeure donc une pure utopie ; or,
cela est si vrai que dans la vie publique les
gens se classent d'eux-mêmes, sans l'intervention d'aucun règlement, bien plus par degré
d'éducation morale que par degré de richesse.

La raison en est que les gens d'une certaine
éducation morale se sentent bien plus libres
d'allure ensemble, c'est-à-dire bien mieux à
leur aise, qu'avec ceux en qui ils sentent une
éducation supérieure à la leur.

Mais s'il arrive qu'un rustre, imbu d'idées
égalitaires, s'introduise par surprise dans un
milieu qui lui soit moralement fort supérieur,
on peut être certain que son malaise se traduira
par force ostentation dans l'intention de faire

croire qu'il se sent là très à son aise et sans se douter que, tout au contraire, ses manifestations sont précisément la preuve positive qu'il s'y sent, en réalité, fort mal à l'aise.

Or, par extension à ce principe, on peut justement réprouver, comme hors nature, et partant comme immorale, la pratique du mariage dit de « raison », qui consiste précisément à unir des êtres de mœurs et d'éducation tout à fait disparates.

Mai 1908.

A regarder plus haut que soi on perd en vertu ce que l'on gagne en suffisance et en vanité ; à regarder plus bas que soi, on gagne, au contraire, en vertu ce que l'on perd en suffisance et en vanité. Au surplus, toute classe sociale qui veut imiter une autre classe qui lui est très supérieure par l'éducation morale ne réussit à lui emprunter, le plus souvent, que ses défauts ou ses vices.

XLVI

Peuple, défends-toi.

L'harmonie de sociabilité entre ouvriers et patrons ne peut s'établir autrement que par un sacrifice mutuel qui apaise l'envie chez les premiers et dissipe l'égoïsme chez les seconds.

Or, habilement exploitée par un clergé à la solde des castes supérieures, la morale d'autorité, très prometteuse, a suffi durant longtemps à tenir en bride le prolétariat avec de belles paroles, faisant des biens du ciel et de la terre deux parts : les biens du ciel pour les pauvres, les biens de la terre pour les riches.

Mais aujourd'hui c'est bien différent : simple miche, ici-bas, vaut mieux, répond Jeannette à Monsieur le curé, que galette beurrée en paradis !

Part à deux, Monsieur le bourgeois, ajoute-t-elle, d'autre part. Voyez ; votre estomac n'en peut mais et le mien crie famine. Or, paix, santé, voilà ce que je vous offre en partage de votre miche et par-dessus le marché je vous promets d'être, pour le reste, servante fidèle et dévouée.

Et Jeannette a raison, sans doute, de poser net ainsi ses conditions.

Jadis elle implorait avec humilité; la charité du cœur seule lui tendait la main. Mais combien, hélas ! cette main était faible.

Aujourd'hui Jeannette a armé son cœur et la charité qu'elle implore est soutenue par la raison : elle s'appelle solidarité.

Nous avons exposé dans *les Voix de la Raison* les bases rationnelles de la solidarité aux articles « Principes de Mutualité » et « le Pain quotidien ».

Mais l'accord social, entre ouvriers et patrons, attendu qu'il exige un mutuel sacrifice, nécessite l'intervention d'une puissance extérieure aux deux parties et qui puisse faire en toute impartialité la balance des intérêts opposés, l'État, par exemple.

Sans cette intervention arbitrale, dont toutefois les décisions devraient avoir force de loi, la paix ne saurait s'établir davantage entre ouvriers et patrons qu'entre des enfants en bas âge qui se disputeraient une poupée ; ils s'entre-déchireraient mutuellement et cordialement et n'auraient bientôt plus en partage que les fruits du sabotage et de la grève, c'est-à-dire la ruine pour le patron et la misère pour l'ouvrier.

Il n'y a, en effet, qu'une seule manière logique de faire la guerre : elle consiste à faire le plus de mal possible à l'ennemi. Or, la société actuelle est encore divisée par l'égoïsme en deux camps nettement opposés : celui des riches et celui des pauvres. Aussi la charité du cœur ne peut-elle être assez générale, dans ces conditions, pour pouvoir empêcher la guerre d'intérêts ; seule la charité de raison, c'est-à-dire la solidarité, qui laisse à l'homme toute sa fierté et toute sa liberté, peut y parvenir.

Peuple, sache-le bien : la société capitaliste n'a pas d'amour ; son âme est sèche et son cœur est entièrement de métal. Ne la sers donc que contre des garanties positives à l'égard de la juste rémunération de ton travail, car l'amour seul recueille le dévouement sans calcul, tandis que l'égoïsme appelle

toujours, au contraire, l'égoïsme, en revanche ;
peuple, défends-toi !

17 décembre 1907.

La vie est dans la liberté et la liberté est dans la solidarité.

XLVII

L'ultimatum du prolétariat.

Je crains que la philosophie n'ait tort d'affirmer parfois que l'on peut tout ce que l'on veut simplement en le voulant. Le pouvoir n'est pas subordonné exclusivement, en effet, au seul vouloir, car les multiples circonstances extérieures de la vie pratique sont des facteurs importants dans le rapport du pouvoir au vouloir, et il semble bien que dans la société moderne ces facteurs soient faits en grande partie de la Fortune aveugle.

Le pur hasard triompherait donc ainsi, le plus souvent, de la volonté de l'homme et par conséquent de la raison elle-même.

Or, sans la raison pas d'ordre, et sans l'ordre pas de progrès possible ; aussi, du fait qu'aujourd'hui la Fortune aveugle est peut-être même plus que jamais la seule dispensatrice de la richesse, vois-je en cela la cause profonde des égarements actuels du progrès social.

Dans ces conditions, et précisément parce qu'elle est fautrice de ces égarements, sommes-nous logiquement amenés à tenir en principe la richesse, dans sa répartition actuelle, pour illégitime au regard de l'ordre social.

Toutefois ce n'est pas la richesse en soi qu'il faut condamner, mais seulement sa répartition, parce que celle-ci est le plus souvent injuste et folle. La richesse est même une nécessité sociale en présence de l'inégalité de nature qui existe entre les hommes ; cette inégalité est si grande, en effet, qu'elle entraîne une diversité infinie de tempéraments disparates qui font que dans la vie sociale le courage contraste avec la paresse et l'indolence, la vertu avec le vice, et il est par conséquent de toute justice, dans ces conditions, que chacun reçoive seulement une part de la richesse sociale proportionnée à l'effort relatif qu'il déploie pour l'acquérir, c'est-à-dire à son mérite.

Il s'ensuit donc que la solidarité, qui a précisément pour objet d'établir l'ordre social, c'est-à-dire l'harmonie de sociabilité entre tous les individus, quels qu'ils soient, d'une même société, est la clé de voûte des institutions sociales puisqu'elle se substitue à la Fortune aveugle pour assurer la juste répartition de la richesse et qu'ainsi elle consacre à celle-ci le caractère de légitimité qui lui manque autrement.

D'ailleurs c'est à l'illégitimité actuelle de la richesse qu'est due la scission qui s'est opérée dans la société humaine entre les pauvres et les riches, scission qui a formé ainsi deux pôles sociaux nettement distincts et antagonistes où se sont développées par conséquent deux morales également antagonistes : la morale des riches et la morale des pauvres.

Or, peuple, sache-le bien, ces deux morales sont également fausses ; elles sont la cause de tout le mal social qui ronge la société moderne et ce sont elles ainsi qui font ton propre malheur. La vraie morale est *une*, en effet, devant la raison et elle seule peut assurer l'ordre social dans le monde, partant aussi le progrès social. Or, sans le progrès social pas de paix ni de bien-être possibles pour l'homme sur la terre, parce que le progrès social est voulu impérieusement par la loi universelle d'évolution et que toute infraction à cette loi est un désordre qui ne peut qu'engendrer fatalement un malaise social.

Pour que la paix s'établisse sur la terre il

faut donc que les deux pôles du monde social actuel se rejoignent, c'est-à-dire que les deux morales antagonistes qui y correspondent s'unifient, car une seule et même évolution, c'est-à-dire une seule et même destinée morale, peut et doit entraîner le progrès social du monde vers l'idéal de pure beauté qu'ordonne et définit la grande loi immuable et divine d'harmonie universelle. De cette loi seule doit découler, en effet, la vraie morale, c'est-à-dire la morale de raison, qui seule est capable d'enlever à la Fortune le bandeau qui recouvre ses yeux, partant de libérer le prolétariat de l'arbitraire et de l'injustice puis d'établir la paix sociale entre les riches et les pauvres, paix sans laquelle aucun ordre ne peut régner dans le monde ni aucun progrès social s'y développer et qui est par conséquent une condition *sine qua non* de prospérité et de bonheur pour une nation.

Or, la solidarité seule, avons-nous dit, puisqu'elle seule peut légitimer la richesse, est capable d'établir cette paix.

C'est donc exclusivement vers l'établissement de la solidarité que le prolétariat moderne doit diriger désormais tous ses efforts afin de pouvoir faire bloc contre les injustices du sort pour en répartir les risques sur la collectivité tout entière, contre aussi toutes les difficultés de la vie, en général, pour en diminuer les rigueurs et augmenter parallèlement le bien-être individuel conformément à la loi physique du moindre effort.

Tels sont précisément les termes généraux de l'ultimatum que pose nettement aujourd'hui le prolétariat aux classes bourgeoises.

Jusqu'à nos jours la société n'a été organisée qu'au profit de quelques-uns et en vue surtout de la défense de la richesse individuelle ; la morale religieuse elle-même, depuis son asservissement coupable au pouvoir temporel, n'a plus été qu'une morale d'autorité au service quasi exclusif des grands.

Or, aujourd'hui le prolétariat universel décrète illégitime et indûment détenue toute richesse acquise en dehors des conventions sociales de solidarité.

Riches, vous n'aurez désormais la paix sociale qu'autant que vous mériterez notre amour et vous n'aurez notre amour qu'autant que vous serez riches par le cœur.

24 novembre 1907.

XLVIII

Le bien pour soi par le bien pour les autres.

Supprimer la misère humaine est bientôt dit ; mais comment y procéder ?

Serait-ce en mettant les pauvres à la place des riches ?

Assurément non, parce qu'après cette mutation les pauvres seraient encore tout aussi pauvres qu'auparavant, vu leur multitude innombrable relativement au petit nombre des riches ; une telle révolution sociale n'aurait même pour résultat que d'augmenter le nombre des pauvres de celui des riches parce qu'elle détruirait la fortune individuelle de ceux-ci sans profit apparent pour la masse.

D'ailleurs la morale de raison doit être universellement impartiale, c'est-à-dire que sa sollicitude doit s'exercer également sur tous les partis sociaux sans exception, non pas seulement sur quelques-uns aux dépens des autres.

En un mot, elle doit faire le bien individuel par le bien collectif et, à cet effet, solidariser les efforts individuels pour en augmenter le rendement.

Au surplus, l'instinct d'égoïsme ne serait plus, dans ces conditions. un obstacle à l'exercice de l'altruisme, puisque ainsi le bien que l'on serait appelé à faire individuellement à la collectivité serait plus profitable à soi-même encore que le bien que l'on se pourrait faire directement par pur égoïsme au prix d'un effort égal.

Le bien pour soi par le bien pour les autres n'est donc pas une vaine utopie de pur sentiment, mais bien au contraire une morale très pratique autant que rationnelle puisqu'elle serait productive de résultats positifs et que cette productivité serait en outre servie, et par cela même garantie, par l'instinct le plus impérieux peut-être qu'ait l'homme, celui de l'égoïsme.

6 janvier 1909.

L'égoïsme, qui est chez l'homme un sentiment de nature, réprouve toute institution sociale, quelque idéal qu'elle serve, voire même quelque profit qu'elle procure à la collectivité, si elle nuit aux intérêts particuliers.

XLIX

Des obligations de la fortune.

Il est juste que celui qui sème deux fois plus qu'un autre parce qu'il est, à égalité de moyens, deux fois plus courageux que cet autre, fasse une récolte double de la sienne et partant s'enrichisse deux fois plus que lui.

En aucun cas donc l'honnête travailleur ne saurait être justement contraint de partager le bien qu'il amasse à la sueur de son front avec quiconque est paresseux ou simplement moins courageux que lui.

Mais il n'en serait plus de même, par exemple, pour un paysan qui aurait subi un dommage occasionné par les éléments, la grêle, je suppose : si son voisin a échappé au désastre, celui-ci doit néanmoins partager avec lui le dommage qu'il éprouve parce que l'objet principal de la société humaine, sa seule raison d'être même, c'est de rendre tous ses membres solidaires entre eux sous l'adversité. Tandis que la charité ne saurait jamais qu'apporter un soulagement très insuffisant à l'infortune individuelle, la solidarité peut, au contraire, y suffire intégralement par le partage des risques individuels de nature entre tous les membres d'une même collectivité, partage qui est d'ailleurs d'autant plus rationnel que tout le monde court également ces mêmes risques, comme, par exemple, de mourir subitement ou de se casser un bras ou une jambe, de tomber malade, de chômer, d'être incendié, etc., etc.

Toutefois si la solidarité doit répartir sur la collectivité entière les risques individuels de nature, en aucun cas cependant elle ne saurait justement procurer aux paresseux un bien qu'ils n'auraient pas gagné, c'est-à-dire les soustraire à l'inexorable loi du travail.

Mais si, sous cette dernière réserve, la solidarité doit constituer une obligation sociale inéluctable à l'égard de l'infortune, en revanche, elle suffit à légitimer la fortune individuelle auprès de la collectivité, partant à légitimer logiquement aussi, dans la mesure octroyée toutefois par la morale rationnelle, le luxe et tous les plaisirs mondains que peut procurer la richesse.

22 novembre 1907.

L

De l'emploi du temps.

Nous devons faire trois parts de notre temps disponible et les employer alternativement : la première, à améliorer notre condition sociale ; la deuxième, à servir le beau et le bien ; la troisième, à nous récréer le corps et l'esprit.

Mais on serait d'autant plus coupable de négliger de servir le beau et le bien que l'on serait plus riche et partant plus à l'abri des nécessités impérieuses de la vie matérielle :

Celui qui ne fait pas le bien pouvant le faire fait le mal.

2 janvier 1908.

Le bonheur parfait n'est pas de ce monde, car un désir n'est pas plus tôt satisfait qu'un autre renaît immédiatement à sa place ; courir après le bonheur, c'est par conséquent courir après son ombre.

6*

LI

Du danger de l'oisiveté.

La quantité de travail physique ou intellectuel qu'un homme peut régulièrement fournir
sans épuisement est limitée à la production
énergétique normale de son organisme et est en
rapport constant avec elle.

Que vienne ce rapport à être faussé par excès
ou par insuffisance de travail, il y aura alors
usure de l'organisme dans le premier cas, tandis
que dans le second cas il y aura résorption par
l'organisme de l'énergie en excès. Or, si cette
résorption peut s'accomplir effectivement par
l'accumulation des matières graisseuses dans
les tissus organiques de l'individu, il est plus
fréquent cependant que l'excès d'énergie que
crée l'oisiveté se dépense dans l'exercice des
passions débilitantes ; aussi lorsqu'elles sont
abusives, celles-ci peuvent-elles user l'organisme autant qu'un travail ordinaire qui serait
excessif, tandis qu'elles peuvent, au contraire,

tout comme le travail productif normal, être salutaires à l'organisme lorsqu'elles ne conduisent à aucun excès.

Si donc les passions débilitantes peuvent être ainsi utiles à l'homme oisif, voire même nécessaires à son organisme, lorsqu'il n'en fait pas un abus excessif, il faut bien en conclure logiquement que l'activité par le travail productif normal, physique ou intellectuel, ou à défaut par les sports, est absolument indispensable à l'homme pour le retenir sur la pente du vice où l'entraînerait fatalement l'oisiveté. Aussi les paresseux sont-ils des êtres le plus souvent immoraux ou tout au moins aptes à le devenir, partant dangereux comme tels, et doit-on toujours, en conséquence rationnelle, s'attacher, dans la société humaine, à n'accorder à l'homme que tout juste le repos nécessaire que réclame son organisme.

8 juin 1908.

La santé du corps et de l'esprit est la récompense de l'honnête travailleur ; la dégénérescence physique et morale est le châtiment du paresseux.

LII

La loi du travail.

L'homme doit faire du travail une loi essen-tielle de sa vie et ne prendre par conséquent que tout juste le repos nécessaire au maintien de sa santé.

Même dans l'abattement et dans la vieillesse il doit produire tout ce qu'il lui est possible de produire en ces états.

Pourtant il serait coupable d'avarice s'il ne travaillait ainsi que pour accroître sa fortune sans chercher à en tirer aucun profit pour lui-même ni pour personne ; mais il serait coupable aussi d'égoïsme s'il n'avait d'autre ambition que d'accroître ses seules félicités terrestres. L'homme doit au contraire travailler exclusi-vement pour le bien public et n'avoir d'autre ambition que d'accroître honnêtement sa fortune pour pouvoir ainsi mieux servir le beau et le bien, c'est-à-dire la grande loi d'harmonie universelle : combattre le mal, soulager l'infortune, tel doit être, en un mot, le devoir impérieux de l'homme moral sur la terre ; or, la tâche est si grande que ce devoir est nécessairement de tous les instants et ne souffre aucun répit.

A ce point de vue seulement, d'ailleurs, la loi du travail peut être déclarée vraiment loi morale ; mais elle n'implique cependant aucun puritanisme non plus qu'aucune mortification, car la raison admet toujours, au contraire, que le plaisir tempéré est un délassement tout aussi bien profitable à l'âme qu'au corps lorsqu'il est honnête, c'est-à-dire lorsqu'il n'est pas en défaut avec les lois de la conscience physique ou de la conscience morale.

20 janvier 1907.

Les passions ne sont généralement malsaines qu'autant qu'elles brûlent l'organisme par leur excès ; une passion sage et modérée qui anime et réchauffe peut être, au contraire, un excitant utile à la vie, tout au moins pour en détruire la fadeur. Aussi le froid puritanisme qui exerce une censure intransigeante contre toutes les passions, si inoffensives qu'elles soient, est-il généralement plus néfaste à la vie que les passions elles-mêmes qui trouvent d'ailleurs très souvent d'instinct dans l'organisme leur propre régulateur.

LIII

Des obligations morales du travail.

Nous le répétons, le travail purement matériel n'est moral, au delà des strictes nécessités
impérieuses de la vie animale, qu'autant qu'il a
pour objet de procurer les moyens de mieux
servir le beau et le bien. Aussi l'homme que sa
richesse met à l'abri des nécessités matérielles
a-t-il cependant le devoir de travailler quand
même pour le bien public, et à ce point de vue
peut-on dire que l'oisiveté bourgeoise est un
véritable crime de lèse-humanité.

Pourtant, si coupable que soit cette oisiveté,
elle est préférable encore à l'activité purement
égoïste de l'homme avaricieux qui ne cherche
qu'à amasser de l'or, ou de l'homme simplement
intéressé qui n'a d'autre ambition que d'accroître indéfiniment ses félicités matérielles : à
la fourmi par trop parcimonieuse et âpre au
gain, nous préférons la prodigue cigale.

Si louable et si digne que soit l'économie

lorsqu'elle ne dépasse pas les limites d'une sage prévoyance, nous la tenons en effet, pour tout à fait méprisable d'autre manière et lui préférons, en ce cas, la prodigalité, pourvu toutefois que celle-ci s'exerce non par amour immodéré des félicités égoïstes, mais par une simple imprévoyance due à un excès de bonté ou de générosité et ayant par conséquent le caractère d'un véritable sacrifice de pure charité.

21 août 1908.

La nature semble bien le plus souvent sacrifier l'intérêt de l'individu à celui de l'espèce, et c'est ce qui explique sans doute qu'elle ait donné à certains individus l instinct de l'esprit de sacrifice dans l'ordre physique comme dans l'ordre moral.

LIV

De la consécration de l'idée de Patrie.

Quelque indépendance à laquelle nous prétendions et quelque extériorisation où nous nous tenions à l'égard de la société, nous restons néanmoins rattaché à elle par une infinité de liens.

Il existe donc incontestablement une collectivité sociale résultante qui a ses droits propres imprescriptibles et distincts de ceux de l'individu, tout autant que si, au lieu de n'être qu'une entité abstraite, elle était elle-même une individualité objective.

Le socialisme rationnel doit, par conséquent, concilier les droits de la collectivité avec ceux de l'individu, c'est-à-dire établir entre tous les hommes une harmonie générale de sociabilité. Or, l'établissement et le maintien de cette harmonie obligent parfois, du moins dans une certaine mesure, à sacrifier l'individu à la collectivité, et c'est précisément ce sacrifice, lorsqu'il est librement consenti par l'individu lui-même, qui constitue ce qu'on nomme l'héroïsme, soit qu'il s'exerce en actions d'éclat sur le champ de bataille, soit qu'il se manifeste dans la vie civile par des actes de pur dévouement à la cause humanitaire. Aussi serait-ce agir, par contre-coup, contrairement aux intérêts individuels que de méconnaître les droits de la collectivité et de rejeter par conséquent toute autorité supérieure sous le seul prétexte qu'elle s'exercerait aux dépens de la liberté individuelle ou qu'elle serait faite d'une part de cette liberté.

Au reste, la patrie constitue un groupement assez semblable à celui de la famille individuelle, parce qu'elle réunit, en général, des individus qui ont entre eux une certaine analogie de caractères, de goûts et d'aptitudes, au physique comme au moral ; or, c'est ce qui rend ces individus sympathiques les uns aux autres et qui établit entre eux un lien de fraternité. Mais s'il est louable assurément de chercher à étendre cette fraternité jusqu'à l'universaliser par l'instruction et par l'éducation entre tous les peuples de la terre, n'empêche qu'il subsistera toujours des peuples inassimilables qui se distingueront beaucoup trop des autres par le caractère et par l'esprit pour pouvoir former une patrie commune avec eux. Or, c'est précisément cette distinction qui précise et consacre l'idée fondamentale de patrie, obligeant ainsi le véritable socialisme positif et rationnel à respecter à la fois l'individu, la patrie et l'humanité.

De toute manière, si la collectivité, qu'elle soit simple ou qu'elle soit l'universalité de toutes les patries, c'est-à-dire l'humanité tout entière, possède des droits imprescriptibles, ces droits doivent néanmoins demeurer subordonnés dans leur généralité à ceux de l'individu et ne s'exercer, par conséquent, que dans le but essentiel d'assurer à tous les hommes indistinctement, si humbles qu'ils soient, un bien-être supérieur à celui qu'ils pourraient avoir s'ils vivaient dans l'indépendance absolue et partant à l'écart de tout groupement social ; autrement dit, la société doit être faite pour l'individu et non l'individu pour la société.

En revanche, puisque les droits de l'individu restent étroitement rattachés à ceux de la collectivité à laquelle il appartient, il s'ensuit qu'il ne peut prétendre à l'indépendance absolue et que par conséquent la liberté individuelle doit être réglementée dans la mesure que comportent précisément les droits de la collectivité. Toutefois, puisque ces droits doivent rester, en principe, subordonnés à ceux de l'individu, il convient de rejeter comme une hérésie sociale toute contrainte, physique ou morale, qui serait imposée à l'individu au nom de la collectivité s'il n'en devait, en définitive, tirer aucun profit, ou du moins s'il n'en devait tirer qu'un profit insignifiant à côté du sacrifice à consentir.

Or, trop souvent, hélas ! les doctrines religieuses ont perpétré de semblables hérésies par la pratique de vaines mortifications condamnées par la pure vertu elle-même.

Mais, en sens contraire, combien aussi sont déprimantes pour l'humanité les doctrines anarchistes qui renient toute idée de sacrifice individuel et qui, en particulier, enseignent aux peuples à se libérer de leurs devoirs envers la collectivité la plus immédiate qu'ils forment, c'est-à-dire envers leur propre patrie !

16 juillet 1908.

La patrie est le champ dans lequel se développent et s'étendent les multiples influences qui font la vie sociale de tout individu et le rattachent étroitement à elle, à la manière dont sont précisément rattachés à la main qui les fait jouer tous les fils d'une marionnette. Si donc l'homme doit avoir, en principe, toutes les libertés qui ne portent ni préjudice ni atteinte à autrui, et quelque immoralité même dont elles puissent apparemment être taxées par les préjugés religieux ou sociaux, il n'en demeure pas moins dans l'obligation de défendre les institutions qui assurent le maintien de l'organisation sociale à laquelle il est essentiellement rattaché, sous peine de laisser se briser les mille fils qui commandent à sa vie sociale propre.

LV

De l'art de gouverner.

Ce fut l'erreur capitale de presque tous les gouvernements jusqu'à nos jours, à quelque régime d'ailleurs qu'ils aient appartenu, d'avoir voulu imposer une politique sectaire ou personnelle au peuple ; ils eussent dû, tout au contraire, se borner à suivre simplement son évolution propre pour la guider, l'entraîner même, et empêcher surtout que rien n'en pût entraver le développement normal dans l'ordre physique comme dans l'ordre moral. C'est-à-dire qu'ils eussent dû réformer les lois sociales au jour le jour, afin que la fausse tradition ou la routine ne pussent jamais cristalliser les mœurs ni les coutumes ; réformer du moins celles seulement qui ne ressortissaient pas aux lois essentielles de nature, puisque l'évolution ne saurait en aucun cas altérer un sentiment de nature nettement caractérisé comme est, par exemple, l'amour familial.

Or, l'homme d'État qui veut prendre ainsi à sa charge d'assurer la libre évolution sociale du peuple doit toujours poursuivre l'exécution des réformes nécessaires, en toute conscience et en toute raison, comme aussi bien en toute impartialité, c'est-à-dire sans plus chercher à se venger des calomnies et des injures qu'il s'attirera de la part des traditionalistes ou des sectaires de tous clans, qu'en sens contraire, à favoriser ceux qui l'adulent ; en un mot, il doit s'extérioriser moralement de la multitude amorphe et anonyme, afin de supprimer entre elle et lui d'abord tous motifs de haine ou d'envie, c'est-à-dire de vengeance, puis, en sens contraire, tout motif d'amour, c'est-à-dire de partialité.

À ce point de vue général, on peut donc dire, en principe, que les dirigeants qui tirent vengeance, à un titre quelconque, de leurs ennemis politiques ne sont pas de vrais hommes d'État et qu'il leur est impossible, dans ces conditions, d'acquérir l'estime du peuple, quelque amour qu'ils aient pour lui.

Or, la philosophie seule peut diriger le monde dans ces conditions d'extériorisation, qui ne sont à proprement parler d'ailleurs que

des conditions d'humilité, et c'est ainsi qu'elle
a pu, dès la plus haute antiquité, mouler en
quelque sorte le monde à ses principes et l'amener, tout d'abord par la raison cachée sous la
forme religieuse, dans l'état de civilisation où
il est arrivé de nos jours.

Aussi les peuples modernes qu'égarent un
faux libéralisme reviendront-ils nécessairement
à la philosophie lorsqu'ils seront désabusés de
la politique stérile d'intrigues et de partis qui
les asservit aujourd'hui et qu'ils auront reconnu
qu'elle seule tient la vraie sagesse et la vraie
raison, sans lesquelles aucune destinée sociale
ne saurait s'accomplir normalement.

Au reste, nous l'avons déjà dit par ailleurs,
il n'est pas nécessaire d'aimer un peuple pour
le bien gouverner, et certes la philanthropie
n'est pas un moyen exclusif de gouvernement.

Pour savoir gouverner un peuple il faut
savoir simplement préparer et conduire son
évolution sans troubler l'ordre social, c'est-à-
dire savoir accomplir en temps opportun toute
réforme sociale que réclame le progrès des
idées et des mœurs. Autrement dit encore,
il faut savoir sustenter le peuple, au physique
comme au moral, sans devoir lui imposer

pour cela aucune mortification vaine ou illusoire; savoir apaiser, par conséquent, ses passions *de nature* et enchaîner, en revanche, ses passions *acquises* lorsqu'elles sont hors nature, c'est-à-dire lorsqu'elles sont malsaines ou désagrégeantes. Mais il faut savoir aussi exercer sa sollicitude sur tous, non pas seulement sur quelques-uns aux dépens des autres, et partant n'être le gouvernement ni d'une minorité ni d'une majorité, mais le gouvernement impartial de tous et pour tous.

Par « passions de nature » nous entendons les passions qui émanent d'un sentiment de nature comme est, par exemple, l'amour charnel et par « passions acquises » celles qui créent des besoins artificiels ou hors nature comme l'ivrognerie. Aussi seules les passions acquises peuvent-elles être combattues sans inconvénient, tandis que les passions de nature ne sauraient, au contraire, supporter aucune entrave inflexible sans risques de réactions violentes.

Qui obstrue le lit d'un torrent ne réussit, en effet, qu'à provoquer ses débordements, et de même qui contraint les passions de nature ne réussit qu'à les rendre plus actives.

Or, c'est précisément pour leur avoir imposé des mortifications hors nature que les religions dogmatiques, malgré la beauté de leur morale essentielle, ont plongé les peuples chrétiens dans la plus sotte hypocrisie et dans le plus vain puritanisme où ils se débattent aujourd'hui entre leurs passions triomphantes et leur foi chancelante. Mais déjà des réactions s'opèrent contre cette erreur de la foi antique et font craquer l'édifice de préjugés sous lequel s'étouffe sans raison ni profit notre humanité.

Au reste, n'est-ce pas plutôt pour asservir le peuple aux castes privilégiées que pour le diriger dans la voie de son évolution naturelle que, depuis leur asservissement à ces castes, les religions ont elles-mêmes développé et fortifié les préjugés ?

Si triste est déjà la vie matérielle en soi que les hommes ont donc parfaitement raison de vouloir briser aujourd'hui les fers qu'ils se sont forgés eux-mêmes sous l'empire d'une véritable aberration de leur sens moral, et partant raison de vouloir vivre leurs passions dans les pleines limites que leur accorde leur double nature physique et morale !

Or, c'est surtout plus de soleil et plus de

liberté que réclament universellement tous les hommes à présent et qu'ils attendent de leurs dirigeants : gouverner ce n'est donc plus aujourd'hui contraindre; c'est, au contraire, émanciper, et c'est dans cette formule seule qu'est désormais tout l'art de gouverner.

5 février 1908.

Tout homme qui appartient entièrement à la vie sociale, physiquement et moralement, s'imprègne de ses préjugés et de ses vices comme une éponge s'imprègne du liquide dans lequel on la plonge. Aussi cet homme est-il incapable dans ces conditions de discerner en toute équité absolue dans les actes de la vie sociale le vrai du faux ou le juste de l'injuste et tout le ressort de son jugement en est par conséquent faussé au regard de l'absolu.

LVI

De la sagesse indispensable à l'homme de gouvernement.

Pour être un homme dans toute l'acception morale du mot, il faut être endurci à l'injustice au point de n'en plus pouvoir souffrir pour soi-même, mais seulement pour autrui ; il faut avoir, en outre, perdu toute vanité.

Or, cette sagesse est indispensable à l'homme de gouvernement, car elle lui permet d'accomplir tout son devoir sans s'inquiéter de la calomnie ni se croire obligé, par dignité ou par simple respect pour la haute situation qu'il occupe, d'user de représailles envers ceux qui l'offensent.

Mais ce n'est guère qu'à partir de quarante ans, sauf de rares exceptions, que l'homme peut atteindre à cet état d'extrême sagesse, car c'est seulement alors qu'il est vraiment en possession de sa pleine raison et partant qu'il peut être assez maître de lui-même pour savoir parfaitement ce qu'il fait, ce qu'il dit ou ce qu'il écrit.

Avant cet âge, on ne saurait sans danger que lui accorder la pleine liberté de pleurer ou de chanter s'il est poète ; mais l'homme d'action risquerait toujours de faire abus d'autoritarisme et partant d'être un danger pour les libertés politiques, s'il était porté au pouvoir dans ces conditions.

20 juin 1908.

Les mêmes sentiments peuvent être inspirateurs des plus nobles actions comme aussi bien des pires folies lorsqu'ils ne sont pas soumis au contrôle sévère de la raison, car ils sont généralement sujets à toutes les inconséquences de l'exaltation.

LVII

L'autorité de l'exemple.

Pour aimer l'homme il faut avoir une âme de pasteur et s'imposer cet amour par fonction.

Approchez-vous le jour d'un chien de garde, il aboiera, et si vous lui jetez une pierre il montrera les dents ; mais parlez-lui avec douceur, si vous n'avez pas un accoutrement qui l'effraie il secouera vite la queue en signe d'amitié : l'amour va à l'amour, et c'est la revanche de l'homme supérieur sur la brute, qu'elle soit animale, qu'elle soit homme, de se faire aimer d'elle.

Les hommes ne sont pas, du reste, tous si profondément mauvais qu'ils paraissent l'être dans la vie sociale. Ils sont bien plutôt un peu comme ce chien ; mais ils ignorent généralement cette vérité, et c'est pourquoi il convient de la leur enseigner.

Or, ce n'est pas simplement par l'écrit

6***

qu'on y saurait parvenir, car les hommes ne savent pas lire ou du moins ils comprennent très mal le livre ; il faut encore à l'appui de l'écrit l'autorité de l'exemple qui seul est réellement infaillible pour l'enseignement de la vertu morale.

Par contre, l'homme de haute notoriété qui vient à fauter contre l'honneur est-il toujours bien plus coupable que le simple profane, parce que celui-ci n'est responsable que de sa propre faute, tandis que le premier est moralement responsable, en outre, des dérèglements que son exemple est susceptible de provoquer chez les autres et d'autant plus même que si le bien peut s'enseigner par l'exemple il est avéré que le mal le peut toujours beaucoup plus aisément encore de cette manière.

Au surplus, le bien n'étant qu'une forme du beau, pratiquer le bien c'est servir le beau et partant faire œuvre divine. Malheureusement les hommes ne font le plus souvent que métier d'hommes de bien et ne pratiquent par conséquent la vertu qu'avec le secret dessein de briguer les honneurs et d'apaiser leur vanité.

Or, le véritable apôtre de l'amour, s'il veut faire auprès du profane exemple profitable par la pratique du bien, doit au contraire montrer toujours la plus grande simplicité parce que la simplicité dans ces conditions est tenue pour la marque incontestée de l'abnégation et que l'abnégation est tenue elle-même sans réserve pour l'un des plus beaux sentiments d'altruisme qui existent et qui, en tout cas, inspirent le plus le respect ; à ces conditions seulement il est homme-dieu sur la terre et digne de commander aux autres hommes.

Toutefois, malgré qu'elle doive conserver son rang qui est la plus sûre sauvegarde de sa dignité, la simplicité doit être néanmoins exempte de toute froide austérité parce qu'autrement elle retiendrait à distance, bien plutôt qu'elle n'attirerait, et inspirerait le simple respect bien plutôt que l'amour.

8 avril 1907.

Qui veut diriger les hommes en toute justice doit avant tout aimer Dieu, car aimer Dieu, c'est le servir selon ses lois essentielles que nous dictent la conscience physique et la conscience morale et c'est par conséquent faire tout ce qui est beau et tout ce qui est bien.

LVIII

La caste noble devant la raison.

Dans toutes les classes de la société il existe des âmes nobles, sans distinction de richesse ou de pauvreté. On naît, en effet, bon ou mauvais, et s'il est exact que la vie puisse modifier les caractères d'atavisme en faisant d'un sujet né bon, un mauvais sujet, ou réciproquement, il n'en demeure pas moins vraisemblable que, toutes choses égales d'ailleurs, ceux qui naissent bons seront pervertis à un moindre degré par les mêmes influences pernicieuses que ceux qui naissent mauvais.

Or, il est déjà avéré que la fortune rend l'homme plutôt mauvais lorsqu'elle n'a d'autre emploi qu'aux félicités égoïstes, tandis qu'au contraire la pauvreté le rend meilleur lorsqu'elle a pour soutien le courage, l'humilité et l'amour familial qui sont les trois grandes cuirasses de la vertu civique.

D'autre part, il est incontestable que les fa-

milles riches sont infiniment moins nombreuses que les familles pauvres ; par conséquent si
l'on admet que la proportion des enfants qui
naissent bons doit être à peu près la même indistinctement dans les deux cas, il s'ensuit naturellement qu'à tout moment la vertu morale
de l'âme collective naissante de la société humaine est surtout faite de la vertu d'atavisme
chez le peuple et qu'en conséquence il est impossible de former une élite qui réunisse les
plus hautes vertus morales et directrices d'un
peuple en la choisissant parmi les seules classes riches de la société, non plus d'ailleurs que
parmi les autres classes privilégiées à un titre
quelconque.

Or, ce fut précisément l'erreur capitale des
temps anciens d'avoir cru pouvoir former un
monde supérieur en le recrutant exclusivement
parmi la seule caste noble et d'avoir institué
à cet effet le privilège de la noblesse héréditaire.

Pour la même raison, vouloir faire aujour-
d'hui l'expérience d'une nouvelle noblesse qui
serait recrutée exclusivement parmi l'élite intellectuelle, si méritante fût-elle, ce serait retomber
dans une erreur analogue. Il n'est pas possible,

en effet, que toutes les âmes nobles d'une nation se puissent réunir en une caste sociale unique ni même se reconnaître, tant elles forment des variétés innombrables tout à fait distinctes qui les tiennent le plus souvent très éloignées les unes des autres dans le commerce ordinaire de la vie sociale. Aussi la véritable élite supérieure, celle qui réunirait par conséquent tous les éléments nobles d'une nation, ne saurait être en réalité que la résultante virtuelle ou l'âme collective de toutes les âmes nobles qui sont éparses dans cette nation, sans distinction de classe ou de fortune.

Mais qui sait d'ailleurs si cette âme collective noble n'est pas en réalité ce qu'on appelle communément le génie de la race, voire l'âme elle-même de la nation? Si l'on songe que l'âme de l'homme-animal doit être très vraisemblablement sans aucune influence sensible sur la direction morale du monde, ne doit-on pas entendre justement, en effet, par l'âme d'une nation, la collectivité elle-même, c'est-à-dire la résultante des seules âmes nobles qui la composent?

Or, cette résultante existe en fait, quoique ses composantes restent diluées, à l'infini, dans la masse sociale ; c'est elle précisément qui surgit dans les grandes crises de l'histoire pour armer les héros et créer les génies destinés à soulever les masses contre tout despotisme qui enchaîne le progrès social.

Au surplus, la grande loi d'harmonie universelle, c'est à-dire la loi essentielle du beau et du bien, est la source primordiale de toute vertu, et c'est elle qui nous commande par la conscience physique et par la conscience morale: servir cette loi, c'est donc servir Dieu ; et qui sert ainsi Dieu est noble au regard de la raison sans distinction de classe, de savoir ou de fortune.

Faites donc éclater l'ardent flambeau de la Justice, faites donc retentir les grandes voix de la conscience universelle, et tous ceux qui éclaireront leur cœur à cette lumière, tous ceux qui obéiront à ces voix seront fils de Dieu sur la terre, c'est-à-dire puissances directrices ou organes nécessaires de l'évolution, et leur collectivité formera le seul monde supérieur qui soit naturellement apte à régner sur la société humaine conformément aux vœux de la nature physique et de la nature morale.

20 novembre 1907.

LIX

Devoirs de la société envers les individus.

A le considérer dans ses seuls attributs essentiels et spécifiques, abstraction faite par
conséquent de ses caractères d'atavisme et de
ses caractères acquis, nous pouvons dire que
l'homme n'est pas mauvais et qu'il n'est pas
même possible qu'il le soit, c'est-à dire qu'il
ait des tendances originaires à faire le mal sans
aucune nécessité et par pur amour du mal par
conséquent.

Cet homme naissant n'est, en effet, qu'une
simple manifestation phénoménale et naturelle des principes énergétiques de l'ambiance
universelle, éther-aster, à laquelle il appartient
exclusivement en tant qu'être mixte ou conscient.
Or, cette ambiance, comme toutes celles d'ailleurs capables de former, soit isolément, soit
solidairement, les multiples autres volontés évolutrices essentielles qui peuvent éventuellement
composer l'univers absolu, a pour caractère

fondamental l'immutabilité de l'action (1) ; tout phénomène qu'elle crée spontanément par le seul jeu naturel de ses forces est donc préétabli par l'ordre universel d'évolution et partant en parfait état d'équilibre avec elle. En sorte qu'il est impossible dans ces conditions que l'homme naissant, pris ainsi dans son état spécifique tout à fait originaire, possède en lui d'autres tendances que celles qui constituent précisément les attributs essentiels de ses principes constituants et qui ressortissent par conséquent à la loi d'harmonie universelle, c'est-à-dire à la grande loi du beau et du bien.

Cependant la vie sociale crée chez tous les individus des caractères acquis ou relatifs qui peuvent être parfois discordants avec leurs caractères essentiels ou absolus, et c'est ce qui fait que l'homme peut être mauvais, malgré qu'il soit originairement bon ; il est d'ailleurs à supposer, au surplus, que, puisqu'il est originairement bon, l'homme ne peut devenir mauvais dans la vie sociale que si ses fonctions physiologiques le poussent impérieusement à rétablir coûte que coûte, même aux dépens par

____

(1) Lire l'article : « Du divin »

conséquent de l'ambiance sociale, son équilibre physique ou moral que celle-ci aurait précisément rompu elle-même.

Quoi qu'il en soit, les caractères acquis, bons ou mauvais, se transmettent de génération en génération, de telle sorte qu'en venant au monde l'enfant dont les antécédents ancestraux sont mauvais possède déjà des germes de discordance avec son ambiance sociale ; il entre, peut-on dire, déséquilibré dans la vie. Toutefois, celle-ci pourra toujours ensuite atrophier ou renforcer cette discordance, selon qu'elle y ajoutera des tendances d'ordre contraire ou de même ordre, et c'est précisément pourquoi l'éducation morale est nécessaire pour corriger par une discipline rigoureuse les défauts d'atavisme chez les enfants dès leur plus jeune âge.

L'ambiance sociale est donc seule responsable, en définitive, des divergences de caractères qu'ont les individus qui la composent, puisque c'est elle qui forme ces caractères, dans ce qu'ils ont d'acquis du moins ; or, pour ce qui concerne l'homme, son ambiance sociale étant en grande partie formée aujourd'hui par la société humaine elle-même, c'est celle-ci qui est pratiquement responsable de son état et par conséquent aussi du mal qu'il peut faire. En sorte que le devoir de la société n'en est que plus impérieux de redresser chez les enfants les mauvais penchants qu'elle a laissés se développer chez leurs parents, comme aussi bien d'ailleurs de continuer de veiller sur eux lorsqu'ils sont devenus des hommes. Elle doit donc, à cet égard, je ne dirai pas reconstruire l'Église, puisque la raison n'en accepte plus ni le dogme fondamental ni le rite, mais instituer un corps qui ait des fonctions morales analogues à l'ancien corps religieux et dont les moyens d'enseignement s'accordent avec les idées modernes. Sans savoir, en effet, quelle est leur destinée suprême, les hommes sentent néanmoins qu'une puissance transcendante et de pure raison règne sur eux ; aussi entendent-ils, avant tout, aujourd'hui, rester en parfaite communion de raison avec cette puissance : aucune religion n'est plus possible désormais en dehors de cette condition.

Il faut reconnaître toutefois que l'homme n'est pas laissé à lui-même sans moyens de défense propres contre les influences malsaines de son ambiance sociale et que, par cela même, il conserve en grande partie la responsabilité de ses actes.

Grâce, en effet, à son libre arbitre de sociabilité (1), l'homme peut réagir contre l'adversité sociale d'autant mieux qu'il est guidé dans ce sens par les indications que lui apporte à chaque instant sa double conscience physique et morale. Mais il y a plus ; outre ces moyens propres de réaction, il est encore l'objet d'une sollicitude constante de la part de l'absolu, lequel intervient à tout instant auprès de lui par l'intermédiaire d'agents directeurs qui sont précisément ses propres organes d'évolution. Ne ressortissant qu'à l'absolu seul, dont ils reçoivent toutes les inspirations, ces agents directeurs forment de véritables centres énergétiques de propulsion et ils sont représentés dans la vie sociale par ce que nous appelons communément les génies créateurs ou directeurs, qui ont ainsi pour fonctions naturelles de diriger les masses sociales amorphes selon les vues propres de l'absolu. L'absolu varie du reste à l'infini les aptitudes de ces génies pour diviser

____

(1) Dans un ouvrage suivant il sera traité du libre arbitre de sociabilité et de la genèse des sentiments.

son action sociale et pouvoir ainsi mieux répandre ses vertus essentielles jusque dans les plus petites ramifications de l'organisme social.

Or, ces génies sont universellement les artisans du progrès social et ce sont eux par conséquent qui préparent les grandes révolutions toutes les fois que ce progrès se trouve paralysé par un pouvoir despotique ou rétrograde ; en sorte que logiquement ils devraient seuls former les corps dirigeants dans la société humaine.

Malheureusement ils sont disséminés (1) à l'infini dans la masse sociale, et ils demeurent ignorés le plus souvent ou du moins incompris par le profane ; parfois ils sont même méprisés par lui sous prétexte de tradition ou de routine.

Tant donc que les masses électorales ne seront pas parfaitement polarisées, c'est-à-dire parfaitement disciplinées et ordonnées par la raison, partant renseignées exactement sur leur propres besoins et capables dès lors de reconnaître les véritables maîtres que l'absolu

(1) Voir l'article : « Du recrutement rationnel des éléments dirigeants dans la société humaine ».

leur assigne, elles seront dans l'incapacité d'opérer par elles-mêmes le recrutement judicieux de ces génies. Or, c'est précisément parce qu'elles sont encore quasi totalement dans l'état amorphe qu'en voulant procéder à ce recrutement par l'exercice du suffrage universel les sociétés modernes sont presque toutes la proie de la vanité ambitieuse et arriviste qui a fatalement prise sur leur crédulité envers et contre toute franchise.

Si le vrai génie est sincère, le faux génie ne l'est pas, en effet ; ou, s'il l'est, c'est apparemment et comme moyen d'arriver à ses fins de pure vanité ambitieuse et sectaire qui sont précisément celles de l'arrivisme. Or, cela est si vrai que, lorsqu'il parvient à percer, le faux génie devient presque toujours un véritable tyran pour ceux qui sont sous ses ordres et surtout pour ceux qui ont été ses frères de misère. Nous entendons nous défendre toutefois de taxer d'arrivisme toute ambition noble qui est inspirée par l'ardent amour du beau et du bien, d'où qu'elle vienne, puisque, avons-nous déjà dit, le vrai génie, qui en cela justifie d'ailleurs et ennoblit même toute ambition, appartient à toutes les classes sociales indistinctement et peut par conséquent se rencontrer aussi bien sous la blouse du paysan que sous le bourgeron de l'ouvrier ou sous l'habit du citadin.

Peuple, méfie-toi des castes, quelles qu'elles soient, qui prétendent, au nom de n'importe quelle tradition ou de n'importe quelle politique, avoir droit exclusif de tutelle sur toi. La seule puissance directrice à laquelle tu puisses te confier sans crainte doit émaner directement et exclusivement de l'absolu, et seuls par conséquent les vrais génies directeurs que celui-ci a répartis dans ton sein suivant une infinie variété de caractères et d'attributs peuvent former cette puissance. Or, c'est généralement dans l'appareil de la plus grande simplicité, au physique comme au moral, que vivent ces génies ; méfie-toi donc surtout de la vanité, sous quelque forme qu'elle se présente et sous quelque masque qu'elle se déguise.

13 décembre 1907.

Lorsque le respect n'est obtenu que par la force il est rare qu'il aille sans la haine, car l'amour seul appelle l'amour.

Aimez donc le peuple, Messieurs les gouvernants, aimez-le tout au moins par fonction et par devoir, si vous voulez qu'en retour il vous aime en même temps qu'il vous respecte.

Or, tout l'art de gouverner est peut-être dans cette simple formule.

Mais l'amour n'est pas un vain mot ; il implique l'esprit de pur sacrifice : gouverner un peuple par l'amour, c'est donc le gouverner pour lui-même, non point seulement pour soi.

LX

L'élite intellectuelle devant la raison.

L'instruction sans l'éducation morale n'amé-
liore pas nécessairement l'homme parce qu'elle
ne fait le plus souvent qu'éclairer son intelligence au seul commerce de la vie. Elle est
même un danger lorsque l'intelligence qu'elle
éclaire, et qu'elle arme par conséquent, est
déjà orientée d'instinct vers le mal : l'arrivisme,
c'est-à-dire l'ambition sans scrupule et crimi-
nelle, est, dans ce cas, son plus clair produit.

Or, en principe, cette conclusion ne comporte
d'exception à l'égard d'aucune science ni d'aucun
art et s'applique par conséquent au savant le
plus érudit comme aussi bien à l'artiste le plus
cultivé s'ils manquent d'éducation morale ; car
celle-ci, à part de très rares exceptions, peut
seule retenir l'homme dans l'humilité, source
universelle, peut-on dire, des vertus humaines.

Aussi serait-ce une utopie coupable, aujour-
d'hui où l'éducation morale a presque totalement disparu de nos mœurs, que de vouloir

recruter une caste dirigeante exclusivement parmi l'élite intellectuelle. Dans ces conditions il y aurait trop à craindre, en effet, que cette caste ne fût pire que l'ancienne noblesse qui avait du moins pour elle un atavisme d'éducation ; peut-être pourrait-elle être supérieure toutefois à la caste bourgeoise moderne qui n'est pour ainsi dire plus qu'une bourgeoisie d'argent jouisseuse ou étroitement égoïste, dépourvue même de tout idéal et de toute grandeur d'âme, quoique la vanité lui fasse porter toujours avec beaucoup d'avidité le masque de la plus haute noblesse.

Au reste, nous avons indiqué par ailleurs ce qu'il faut entendre par l' « âme » ou le « génie » d'une nation et donné la définition, la composition et le recrutement rationnels de la vraie noblesse, c'est-à-dire de la vraie caste directrice de la société humaine, montrant que cette caste est, en réalité, et ne peut qu'être la résultante virtuelle ou l'âme collective des âmes nobles qui sont diluées, en quelque sorte, à l'infini, dans la société universelle sans distinction de classe ou de fortune.

7 décembre 1907.

L'État idéal serait celui qui incarnerait d'une manière

parfaite l'âme collective noble de la nation ; en sorte
que toute l'éducation civique d'une démocratie doit
tendre logiquement à apprendre au peuple à tirer de
lui-même, par un choix éclairé et judicieux de ses représentants, les éléments constitutifs de cet État idéal ou
tout au moins ceux qui s'en rapprochent le plus.

LXI

Du recrutement rationnel des éléments dirigeants dans la société humaine.

Les masses sociales renferment dans leur sein une variété innombrable de génies directeurs que la nature y a répartis à l'infini pour opérer l'évolution normale de ces masses.

Toutes castes héréditaires et fermées qui s'attribueraient le privilège exclusif de former l'élite dirigeante d'une nation, à l'exemple de l'ancienne noblesse, ne sauraient donc offrir des garanties d'aptitudes suffisantes à cet égard, puisqu'elles ne représenteraient qu'une fraction insignifiante du corps social et qu'il leur serait impossible par conséquent d'en réunir tous les éléments dirigeants essentiels. L'évolution sociale, au surplus, subirait l'influence de leur morale propre qui serait forcément hors nature, en partie tout au moins, et partant arbitraire en proportion.

Ce n'est pas toutefois qu'une telle morale

doive être forcément mauvaise. Beaucoup
d'entre celles, par exemple, que professent les
religions dogmatiques et qui sont dans ce cas,
semblent même théoriquement parfaites en plus
d'un point ; mais elles présentent toutes néanmoins le défaut capital d'être partiellement arbitraires et partant de ne pas ressortir exclusivement aux seules lois essentielles d'évolution. Elles conviendraient fort bien peut-être à
de purs esprits, mais non absolument à l'homme
tel qu'il est en ce monde et auquel il faut une
morale qui soit simplement appropriée à sa nature spécifique non pas à un état idéal auquel
il ne saurait prétendre. En sorte que, quelque
regret que la raison puisse en éprouver parfois,
elle doit néanmoins rejeter ces morales comme
insuffisantes au regard de l'absolu universel ;
à ce point de vue, la morale chrétienne elle-
même, quoiqu'elle mérite d'être pleurée par le
cœur, n'échappe pas cependant à cette rigueur,
parce qu'elle est édifiée en grande partie sur le
seul sentiment, alors que le soleil du monde
matériel réclame impérieusement, au contraire,
et à juste titre, le droit de participer pour sa
part aux réjouissances du cœur humain.

Les éléments dirigeants d'une nation doivent

donc avoir une origine essentiellement universelle pour pouvoir se rapprocher le plus possible de l'élite théorique qui représenterait précisément la résultante de toutes les forces vives
directrices de cette nation ; c'est-à-dire que
leur recrutement dans le corps social doit avoir
un caractère absolu d'universalité et n'être par
conséquent le privilège d'aucune caste fermée,
à quelque titre que ce soit. Si digne, en effet,
que pût être, en soi, une telle caste, elle né-
gligerait forcément les énergies directrices qui
seraient extérieures à elle et qui seraient
néanmoins indispensables au progrès social
puisqu'elles feraient partie de toutes celles que
la nature a dispersées à l'infini au sein de la
société humaine et jusque dans ses plus
petites ramifications précisément pour y pouvoir accomplir avec plus d'efficacité son œuvre
d'évolution sociale.

Mais il faut distinguer toutefois les effluves
moraux des poussées purement animales où
triomphent seulement les forces matérielles et
qui tendent par conséquent à mettre en tête de
la société humaine tous les éléments arrivistes
de la nation, c'est-à-dire toutes les ambitions
jouisseuses et égoïstes qui ne recherchent le

pouvoir ou les hautes fonctions que par vanité ou par intérêt personnel.

Or, dans le désordre moral que nous subissons aujourd'hui par suite de la disparition de la foi antique et de l'absence d'une autre foi nouvelle, désordre commun d'ailleurs à toutes les grandes époques anormales de transition, les forces matérielles l'emportent fatalement sur les forces morales, et c'est pourquoi l'intrigue et l'astuce règnent presque partout sur la bonne foi et sur la vertu morale dans la société moderne : c'est le limon impur qui se mêle aux eaux du fleuve et qui obscurcit et empuantit l'atmosphère des brouillards et des relents qu'il dégage.

Mais le soleil retiendrait de lui-même ses rayons désormais inutiles si ces brouillards ne devaient jamais plus s'abattre, si ce limon ne devait jamais plus retomber !

Aussi est-il permis d'espérer que le courant social s'assainira et qu'il reprendra bientôt son régime normal et tranquille.

Pour y parvenir, le corps social devra se polariser afin que puissent s'équilibrer harmoniquement avec son ambiance universelle tous les éléments disparates qui le constituent.

Or, nous pensons que cette polarisation pourra s'établir précisément par la formation de groupements professionnels qui réuniront ainsi en des corps distincts tous les individus possédant des aptitudes pratiquement identiques, de manière que leurs efforts s'ajoutent pour la lutte en commun au lieu de s'annihiler comme à présent dans une action qui demeure vaine parce qu'isolée et aveugle.

Dès lors, au lieu d'avoir à s'établir, de l'un à l'autre respectivement, entre tous les innombrables individus qui composent le corps social, l'harmonie de sociabilité n'aura plus à s'établir qu'entre des groupements sociaux déjà polarisés eux-mêmes. En sorte que, grâce à ce travail interne de polarisation, il est permis d'espérer qu'une paix sociale pourra enfin s'établir bientôt sans trop de difficultés dans la grande famille humaine, malgré la très grande diversité qui se trouve dans les caractères et dans les aptitudes des individus qui la composent.

Au reste, la formation de ces groupements professionnels aurait pour mobile principal l'intérêt, puisque leur rendement collectif s'accroîtrait en raison directe de la bonne coordination des efforts individuels.

Or, l'égoïsme est précisément l'un des sentiments de nature les plus impérieux qui nous
commandent, et grâce auquel il est permis par
conséquent de faire fond avec une assurance
quasi absolue sur toute institution sociale qui
repose sur lui.

12 janvier 1909.

Un peuple est capable de se diriger lui-même lorsqu'une harmonie parfaite de dépendance existe entre tous
ses éléments constituants, à l'exemple de ce qui se passe
dans un organisme animal, de telle sorte que tous les
groupements sociaux qui s'y peuvent former s'entr'aident
mutuellement et coopèrent tous, chacun selon ses attributions propres, à l'évolution générale du corps social
tout entier.

LXII

Des fausses révolutions.

Le progrès social doit suivre l'évolution normale des esprits ; tel progrès qui est désirable en soi ne l'est pas en fait si les esprits n'y sont pas préparés.

Or, cela nous permet de distinguer deux classes de progressistes : les évolutionnaires, ceux qui sont partisans de la libre évolution et que nous pourrions encore appeler des libertaires ; puis les révolutionnaires, ceux qui veulent imposer le progrès de vive force c'est-à-dire avant qu'il soit mûr et en faisant par conséquent violence à la liberté individuelle.

Prenez un homme de préjugés ; s'il a de la raison vous pourrez l'amener à reconnaître son erreur, et pourtant il vous sera le plus souvent impossible de lui faire changer immédiatement sa vie parce que tout son organisme sera plié aux habitudes invétérées que les préjugés auront créées en lui. Si donc vous voulez le bonheur de cet homme, vous ne devrez pas chercher à briser brusquement ses habitudes de préjugés mais à l'amener peu à peu à les quitter par une évolution lente et progressive, et encore devrez-vous vous attendre à n'y pouvoir jamais réussir complètement.

Il pourra même arriver parfois que par esprit de tradition, l'habitude aidant, cet homme soit tout à fait réfractaire au progrès sous quelque forme qu'il se présente.

Mais chaque jour amène de nouveaux contingents d'individus qui sont acquis aux idées progressistes, en même temps que la mort réduit de plus en plus et sans compensation le nombre de ceux que l'atavisme ou l'habitude ont rendus réfractaires à ces mêmes idées ; en sorte que la mort fait ainsi bien plus que tout l'effort universel de la raison combattive en faveur du progrès social et que celui-ci est ainsi l'œuvre du temps encore plus que celle des hommes.

Toutefois si l'esprit de liberté repousse tout progrès brusque qui exerce une contrainte sur les individus en leur imposant de vive force des institutions ou des lois qu'ils ne désirent pas ou tout au moins dont ils ne sentent pas le besoin immédiat, ce même esprit de liberté fait appel, en revanche, à la révolution toutes les fois qu'un progrès latent, c'est-à-dire un progrès mûr et qui s'impose par conséquent de lui-même comme une nécessité sociale impérieuse, est entravé par une autorité sectaire et despotique.

Autant les révolutions sont fausses et nuisibles au bonheur des sociétés dans le premier cas, autant elles sont judicieuses dans ce second cas.

Le vrai philanthrope, celui qui aime l'homme et qui veut son bonheur en toute liberté physique ou morale, doit donc éviter de lui imposer un progrès qui n'est pas latent et tenir en conséquence pour une erreur toute révolution qui a pour objet de changer brusquement l'état social d'un peuple.

Assurément nous n'avons envisagé dans ce qui précède que les révolutions sociales, non celles qui intéressent les sciences et les arts, car en ce sens le progrès, pensons-nous, est toujours désirable parce qu'il permet à l'esprit de sonder l'avenir et partant d'entrevoir la forme future.

Au surplus, les fausses révolutions sociales n'ont pour apôtres le plus souvent que de simples renégats du traditionalisme : véritables déclassés du bourgeoisisme, ceux-ci n'exaltent, en effet, leurs idées révolutionnaires que par dépit de n'occuper pas quelque haute situation sociale à laquelle ils se croient naturellement destinés.

Aussi ces gens-là sont-ils un véritable danger pour le prolétariat ignorant et naïf qu'ils alarment et cherchent à soulever, bien plus pour se dresser à eux-mêmes un piédestal que pour soutenir ses propres revendications sociales ; toute leur éloquence étant ainsi faite de dépit, leurs formules sont haineuses et par conséquent fausses, car la vérité est toujours extérieure à la haine.

Quoi qu'il en soit, c'est seulement de la loi du mieux-être que se peut logiquement réclamer le progrès pour justifier son utilité sociale. Aussi, pour être salutaire, ce progrès doit il suivre toujours l'évolution normale des esprits et des mœurs ou tout au moins n'éclater brusquement qu'autant que l'idée sur laquelle il porte est bien mûre, parce qu'alors seulement il ne risque pas de troubler l'équilibre social établi sans lequel aucun bonheur vrai ne saurait être assuré à l'homme dans la société.

22 mai 1909.

LXIII

Cause naturelle de l'ingratitude à l'égard
du génie.

Le progrès normal est dans l'air bien plus que dans le livre. Peut-être même celui-ci ne fait-il le plus souvent que de cueillir dans l'air l'idée qui y est déjà mûre.

S'il arrive toutefois qu'une idée géniale soit de beaucoup en avance sur le progrès latent, on peut être certain que cette idée restera incomprise des profanes dans le présent et qu'elle sera par conséquent sans effet pratique immédiat.

Ainsi toute idée nouvelle que le génie créateur sème dans le monde a besoin de l'œuvre du temps pour sa consécration pratique, et ce serait assurément naïveté que d'escompter le contraire.

Dès lors s'explique naturellement l'ingratitude des profanes à l'égard du génie, puisque sa pensée, devançant en général de beaucoup le progrès normal, est forcément condamnée à demeurer universellement incomprise par eux, tout au moins de son vivant :

Quelque Messie même qui puisse venir à nouveau sur la terre et à quelque époque d'ailleurs qu'ait lieu sa venue, il sera renié encore à ce moment tout comme l'a été Jésus il y a 2000 ans par la même ignorance et par la même incrédulité.

29 mars 1909.

Le progrès s'annonce longtemps à l'avance par l'éclatement de la beauté phénoménale, et le génie artistique consiste dans la secréte divination de la forme future.

LXIV

Des libéralités nécessaires à l'égard du génie.

Le véritable génie, à quelque genre qu'il s'attache, ne peut développer librement toutes ses facultés s'il est contraint de vivre du profit de ses œuvres.

Ce n'est pas que la fortune lui soit indispensable pour vivre ; bien au contraire, le véritable génie est naturellement modeste et il sait par conséquent se contenter du strict nécessaire pourvu qu'il puisse exercer librement son talent, parce qu'alors il vit de son idéal de pure beauté et que cela constitue toute sa passion.

Toutefois, s'il suffit qu'il ait le strict nécessaire pour vivre, il n'en est pas moins désirable cependant qu'il ait le plus d'aisance possible pour qu'il puisse du moins se procurer tous les moyens d'exercer et de développer son génie dans les meilleures conditions désirables.

Or, seulement les Etats qui soutiennent le génie dans tous ses genres par des libéralités suffisantes pour le dégager de sa gangue matérielle peuvent être de grands Etats parce qu'eux seuls peuvent avoir de grands hommes pour les servir et les défendre.

L'esprit est esclave, en effet, de la matière, et il faut par conséquent l'en libérer pour qu'il lui soit possible de produire tous ses fruits ; or, sans lui, aucun progrès n'est possible, et au surplus toute nation qui ne progresse pas tend fatalement à perdre son prestige dans le monde.

Cependant il semble que les démocraties n'aient pas conscience de cette nécessité tant elles font peu de cas de leurs grands hommes dans le moment, au point même qu'elles les laissent parfois mourir dans le plus extrême dénuement. Pour ne citer qu'un exemple entre mille, n'est-ce pas une honte pour elles que le sublime Mozart soit mort dans un tel état de gêne qu'il ait dû être enterré dans la fosse commune ?

Pourtant ces mêmes démocraties sont les premières à s'enorgueillir de leurs grands hommes du temps passé ; mais c'est qu'alors le temps a pu universaliser leur mérite et, la légende aidant, les couvrir d'une auréole aux yeux des profanes, tandis que de leur vivant ils sont demeurés incompris et ignorés.

Il y a cependant une autre raison à cette admiration tardive des profanes pour les grands hommes ; mais elle repose bien plus sur une simple vanité que sur un pur sentiment de repentir à l'égard du génie malheureux.

La vanité dirige, en effet, universellement l'animalité humaine, chez le vulgaire, jusque dans ses élans les plus apparemment sublimes, et il y a toujours naïveté par conséquent à prétendre recueillir les suffrages de la masse si en échange on ne lui offre pas tout au moins quelques appas pour séduire sa vanité.

Aussi est-ce tout simplement en soufflant la vanité dans les plis de leurs étendards, croyons-nous, que les grands capitaines ont pu de tout temps soulever et entraîner à leur gré le flot humain. Et qui sait même si l'indifférence quasi absolue qu'ils ont presque toujours eue pour les affreuses hécatombes humaines qu'ils ont causées ne résulte pas réellement d'un profond dégoût qu'ils avaient, peut-être même

sans le savoir, pour la bête humaine, dégoût
qui les aurait précisément conduits à tirer ainsi
vengeance de l'esprit sur la matière ?

9 janvier 1908.

Le préjugé de noblesse héréditaire est encore si bien
ancré dans les mœurs populaires que le vulgaire adule
presque toujours comme d'instinct, c'est-à-dire sans
contrôle, le premier imbécile venu qui s'offre à lui avec
un nom illustre et que même les pouvoirs publics très
souvent le comblent d'honneurs et de dignités de préférence au vrai mérite. Or, l'histoire politique abonde en
exemples de ces hérésies démocratiques. et c'est à ce
même préjugé que de nos jours encore est due en grande
partie l'insuffisance notoire du suffrage universel dans
la plupart des pays constitutionnels touchant le recrutement rationnel et judicieux de leurs représentants,
parce que le peuple profane accorde toujours de préférence ses suffrages aux candidats les plus influents par
le nom ou par la fortune.

LXV

Du favoritisme.

Est moralement supérieur qui sait dominer l'ingratitude, et qui sait dominer l'ingratitude aime ou peut aimer l'homme ; or, qui aime ou peut aimer l'homme est seul capable de le commander avec autorité et de se faire obéir par lui avec respect.

C'est pour avoir méconnu ces principes essentiels de morale que l'ancienne noblesse, aussi bien du reste que toutes les sectes qui se sont appuyées sur la force pour asservir les masses, ont perdu ou perdent peu à peu leur empire sur elles : la puissance de l'amour peut seule, en effet, guider sûrement la destinée humaine et l'orienter vers l'idéal de pure beauté : c'est à la vertu de l'âme, non pas à la couleur du sang ; c'est à la sincérité, non pas à la duplicité, que se reconnaissent toujours les vrais apôtres de la foi rationnelle, les vrais directeurs de la conscience humaine, les princes de l'amour, serviteurs du beau et du bien. Eux seuls peuvent élever le niveau moral du peuple, sinon jusqu'à eux, du moins jusqu'au-dessus des brouillards de la terre ; mais ce sera l'erreur des temps modernes d'avoir cru le peuple capable de s'élever de lui-même spontanément à cette hauteur : le suffrage universel, sous couvert d'égalité, et tel du moins qu'il est pratiqué dans l'état quasi amorphe où se trouvent encore les peuples aujourd'hui, ne peut réussir, en effet, qu'à préparer le despotisme envieux et haineux de la basse médiocrité sur le vrai mérite.

L'utopie du peuple-roi restera ainsi la pire erreur des temps modernes.

C'est que l'homme vulgaire est naturellement égoïste et qu'à ce sentiment de nature s'ajoute cet autre, « l'amour familial », qui l'oblige à mieux aimer les siens qu'autrui et qui partant le rend forcément partial.

Or, qui est égoïste et partial ne peut avoir ni assez d'amour ni assez de justice pour régner sur les hommes et ne peut surtout conquérir leur amour.

La partialité développe, en effet, la vanité chez ceux qu'elle favorise s'ils n'ont aucun mérite et conséquemment l'envie chez tous les autres, en outre qu'elle est une injustice à l'égard du vrai mérite ; de là des haines sociales que rien ne saurait conjurer et qui ne font qu'accentuer le favoritisme parce que les partis en lutte cherchent naturellement à se défendre et partant à grandir en nombre.

Le népotisme, qui finit toujours par régner avec le temps en hauts lieux sous tous les gouvernements et sous tous les régimes, n'a pas d'ailleurs d'autre cause essentielle.

Sous les gouvernements constitutionnels ce népotisme est peut-être même plus fréquent encore que sous les monarchies absolues parce que les élections législatives y sont presque toujours préparées de façon à servir quasi exclusivement les ambitions et les intérêts des majorités électorales ; en sorte que ces majorités, qui constituent une armée considérable de favoris, tiennent leurs élus sous leur plein pouvoir discrétionnaire.

Qu'on le sache, seul un gouvernement qui serait moralement si extérieur aux masses sociales qu'il n'en pourrait recevoir les faveurs, ni même en entendre les acclamations, pourrait régner en toute sagesse comme en toute équité sur la société des hommes ; or, un tel gouvernement ne saurait exister en dehors de la pure philosophie, parce qu'elle seule pourrait posséder assez d'humilité pour demeurer dans l'indépendance absolue de tous les partis, quelque fréquentation d'ailleurs qu'elle ait avec eux. Mais il est malheureusement impossible qu'un gouvernement aussi indépendant puisse être élu par une majorité électorale dont les convoitises seules orientent toute la politique. Aussi jusqu'à ce que les démocraties aient une éducation politique et une organisation électorale qui mettent leurs gouvernements à l'abri de ces convoitises, le favoritisme, avec toutes ses conséquences dissolvantes, défiera-t-il toutes les réformes que l'on pourra introduire contre lui.

6 août 1907.

La simplicité n'exerce aucun prestige sur le sot, le faste seul lui en impose

LXVI

Conséquences morales de la défection de la domesticité.

Si vous avez des serviteurs malhonnêtes que vous ne puissiez remplacer immédiatement par d'autres plus sûrs, feignez, en ce cas, de les tenir quand même pour très honnêtes et continuez-leur votre confiance tout le temps qu'ils doivent demeurer à votre service, pour que, ne se sachant pas méprisés, ils ne vous haïssent en plus qu'ils ne vous volent. Vous y gagnerez du moins de pouvoir vous faire mieux servir, car vous n'aurez plus dès lors aucun scrupule de conscience à être exigeants et sévères, même à l'extrême, envers ces mauvais serviteurs.

Mais gardez-vous bien toutefois d'occuper quelqu'un, domestique ou employé, qui se piquerait d'avoir de l'instruction et qui, en raison de cela, se trouverait humilié de vous servir ; vous seriez sûrement haïs dans ce cas ; or,

mieux vaut toujours, lorsqu'on le peut, se laisser voler que haïr par son entourage immédiat.

A ce point de vue, on doit même reconnaître
que l'instruction obligatoire, sans vouloir
d'ailleurs autrement en médire, est du moins
la cause principale de la défection morale
toujours grandissante de la domesticité.

Il arrive généralement, en effet, que les individus les plus ordinaires d'intelligence font
cependant un très grand cas de quelque instruction qu'ils peuvent avoir ; ils se croient
par cela même d'une essence au-dessus du vulgaire et crient à l'injustice si on n'a pas égard
à leur savoir. Aussi l'on peut être à peu près
certain que si les circonstances les obligent à
accepter une place qui les humilie, ces gens-là
auront une haine de vanité qui pourra même
être parfois féroce pour leurs maîtres.

Or, cette mentalité actuelle de la domesticité
n'est, en réalité, que le fruit impur de l'hérésie
sociale, toute moderne d'ailleurs, d'égalité absolue, et c'est précisément ce qui nous fait croire
qu'elle subira fatalement, tôt ou tard, un revi-
rement favorable, parce que l'erreur ne peut
faire indéfiniment loi dans le monde.

Cependant, si gênante qu'elle doive être pour les classes bourgeoises, à cause des difficultés que celles-ci en éprouveront pour se procurer des serviteurs, cette mentalité aura du moins pour conséquence, aussi heureuse qu'inattendue, de servir au plus haut point la morale familiale en raison de ce qu'elle obligera précisément les maîtresses de maison à s'occuper davantage de leur intérieur. Au lieu, en effet, de dissiper, comme à présent, tout leur temps dans la sotte fréquentation du monde, où elles ne s'emploient le plus souvent qu'à semer l'envie pour faire simple récolte de vanité, celles-ci devront bien dès lors se vouer, à nouveau, au vieux culte du foyer et, sous son humilité bienfaisante, l'instinct aidant d'ailleurs, il est bien à supposer qu'elles redeviendront vite les reines de la ruche familiale sans laquelle il n'est pas de bonheur possible pour l'homme sur la terre, quelque fortune qu'il ait, quelque gloire qu'il possède.

Or, sous la bourgeoisie capitaliste, dont l'esprit tend à régner presque partout en France aujourd'hui, même parmi la classe ouvrière, la vanité atteint un degré si avancé qu'il n'est pas rare même que des enfants de gueux

soient élevés avec autant de prétentions que s'ils
étaient de jeunes princes. Les parents se tuent à
amasser la richesse pour leurs enfants comme
si ceux-ci étaient de vrais petits seigneurs dont
eux-mêmes ne seraient que les esclaves ; par un
retour de vanité, ils ont ainsi honte du travail
pour leurs enfants. Ceux-ci d'ailleurs se rendent
parfaitement compte, dans leur égoïsme d'instinct, de cet esclavage de vanité où se tiennent
ainsi leurs parents auprès d'eux, et c'est précisément ce qui fait qu'ils les ont le plus souvent
si peu en respect, comme s'ils sentaient que ces
sacrifices sont plus encore accomplis par vanité que par pur amour.

Quoi qu'il en soit, si ces mœurs peuvent
être sans conséquence durable pour les garçons,
parce que les exigences de la vie pratique se
chargeront toujours plus tard de les remettre à
la raison, du moins y a-t-il de grandes proba-
bilités pour que les jeunes filles auxquelles aucune responsabilité n'aura jamais incombé restent, dans le mariage, de simples coquettes
insouciantes et paresseuses, tout à fait im-
propres, par conséquent, à la direction économique d'une maison. Et pour peu, avec cela,
qu'elles aient une dot assez forte, elles ne pren-

dront même pas la peine de donner le sein à leurs enfants : les soirées, les dîners, les théâtres et toutes les multiples autres récréations mondaines, enfin, seront, en revanche, leurs seules occupations ; en sorte qu'elles laisseront le soin de régler le budget de leur maison le plus souvent au mari lui-même.

Or, ces coquettes, et elles sont légion aujourd'hui, dépensent presque toujours beaucoup plus que la rente de la dot qu'elles ont apportée en mariage, et c'est précisément pourquoi les jeunes gens qui se marient avec elles par intérêt ont, le plus souvent, une cruelle déception ensuite, parce que, si forte que soit la dot, elle est insuffisante néanmoins pour couvrir toutes les dépenses de leur maison dans ces conditions ; aussi sont-ils, à cause de cela, en quête perpétuelle d'affaires ou de coups de bourse et en arrivent-ils, fréquemment, à faire trafic de leur nom ou de leur honneur pour se procurer de l'argent, sans qu'en revanche Madame leur apporte même aucune des joies de la vraie vie familiale, de cette vie tranquille et noble que vivaient nos pères au bon vieux temps où les femmes étaient à la fois reines et vestales du foyer.

Il faut quitter ces mœurs païennes si en vigueur dans notre bourgeoisie moderne et faire rentrer la femme au foyer familial ; autrement, c'en sera fait de la famille.

Qu'on le sache, la femme n'est vraiment belle et noble que dans son rôle de mère, parce que là seulement elle peut atteindre au sublime, grâce précisément à la beauté du sentiment d'amour maternel qu'elle incarne et qui est le plus généreux, le plus pur et le plus élevé de tous les sentiments humains.

Là seulement aussi, d'ailleurs, elle peut conquérir naturellement le droit au respect et à l'admiration des hommes et s'élever par conséquent au-dessus de l'animalité où ceux-ci, sans aucun doute, la tiendraient autrement.

Certes, il faut des coquettes dans la vie mondaine comme il faut des cigales dans les prés fleuris ; mais la nature a pourvu à cette nécessité et fait largement la part du vice.

De grâce donc, hommes, puisque votre égoïsme de mâles peut toujours aisément trouver par ailleurs tout son apaisement, n'arrachez pas du foyer familial, par la plus sotte des vanités, les pures vestales que la nature a faites exprès pour y régner. Retirez-leur toutes ces vaines parures de la chair, tous ces vains atours de la coquetterie, qui ne sauraient convenir qu'au vice, parce qu'ils enlaidissent l'âme bien plus qu'ils n'ajoutent à la grâce. Fortifiez en elles. au contraire, dans le culte de la simplicité, la douceur des sentiments généreux et les vertus naturelles du cœur ; n'ayez crainte même, en cela, d'aller jusqu'à quelque naïveté, car la naïveté, chez la femme, est, dans une certaine mesure, l'une des plus belles parures de l'âme. Mais gardez-vous de leur donner une trop forte instruction mâle et, au lieu des sciences positives, apprenez-leur par conséquent la littérature, la poésie et les arts, afin précisément de fortifier le pur sentiment en elles. Toutefois, apprenez-leur en même temps l'art d'élever et de soigner les enfants, aussi bien d'ailleurs que de préparer un bon mets ; c'est-à-dire, d'une manière générale, l'art de tenir une maison. Il est indispensable, en effet, qu'une maîtresse de maison n'ait rien à apprendre de la domesticité et qu'elle sache même, à l'occasion, se passer de ses services, d'abord parce qu'elle ne sera pas ainsi à sa merci, ensuite parce que, sachant lui commander, elle pourra mieux prendre goût aux travaux domestiques et qu'elle se créera de la sorte une activité à la fois utile et agréable qui ne lui fera que davantage aimer son foyer, ce qui est l'essentiel.

Or, c'est précisément pourquoi nous avons dit plus haut qu'en obligeant la femme à demeurer dans son foyer, la défection de la domesticité était par cela même un véritable bienfait social.

4 janvier 1908.

« La femme doit être dans la maison comme le cœur est dans la poitrine. »

LXVII

Du suffrage universel et des lois constitutionnelles.

Doit-on substituer au suffrage universel, égalitaire et direct, un suffrage *proportionné* qui accorde des privilèges électoraux à la richesse ou à l'intelligence, dans le but de rehausser le niveau moral de la puissance électorale ?

Si nous tenons pour principe que le progrès social doit être le souci principal des démocraties, il suffit, pour répondre à cette question, de savoir quel est celui de ces deux suffrages qui sert le mieux le progrès social.

Or, aucun progrès n'est réalisable en dehors de l'ordre, et l'ordre ne peut être établi que par la raison ; en sorte que toute société amorphe — j'entends toute société qui est privée de la faculté ordonnatrice, c'est-à-dire de la raison — a forcément intérêt à emprunter cette faculté aux castes supérieures qui la peuvent posséder.

Il s'ensuit donc, dans ce cas, que le vote

électoral doit s'exercer, logiquement, de manière
à assurer le pouvoir à ces castes directrices et
à leur accorder par conséquent certains privilèges qui suppléent à leur minorité numérique
auprès de la multitude.

D'ailleurs, la suprématie des castes supérieures s'est établie naturellement de cette
manière dans la société ancienne, et c'est grâce
à cette circonstance que les peuples les plus sau-
vages ont pu être tenus dans l'ordre au profit
de la civilisation et du progrès. social.

Mais il est bien certain que, sous cette
influence bienfaitrice des castes dirigeantes, la
raison s'est diluée peu à peu dans tout le corps
social qui a pu ainsi s'ordonner de mieux en
mieux lui-même ; en revanche, le rôle de ces
castes a-t-il forcément diminué de plus en plus.
D'autre part, le progrès s'étant exercé perpétuellement, il a dû arriver forcément un moment
où les masses sociales ont été en état de se passer
du concours des castes dirigeantes, et c'est précisément à ce moment qu'ont éclaté les grandes
révolutions sociales qui ont établi le régime
actuel des gouvernements constitutionnels.

Or, nous dirons que les sociétés qui sont
capables de s'ordonner elles-mêmes sont socia-

lement « polarisées », pour les distinguer de celles qui ne peuvent être ordonnées que par une discipline extérieure à elles et par autoritarisme, par conséquent.

Ce n'est pas toutefois que cette discipline ne puisse établir un ordre parfait dans la société humaine ; nous pensons, au contraire, que si elle était exercée en toute conscience par la pure raison, c'est-à-dire par la raison exclusivement ressortissante à l'absolu, son régime social serait sans doute infiniment préférable aux régimes constitutionnels, parce qu'en général la puissance intellectuelle dont est capable une multitude quelconque peut difficilement égaler, semble-t-il, celle d'une élite transcendante qui réunirait en un seul faisceau toutes les plus hautes vertus sociales et intellectuelles existantes au sein même de cette multitude.

Malheureusement il est rare que cette élite puisse échapper aux influences malsaines de l'ambition ou du favoritisme ; en sorte que sous son autorité la justice ferait place le plus souvent à l'arbitraire ou au caprice. Or, la justice est l'objet principal de tout progrès social ; aussi les démocraties qui sont suffisamment polarisées pour s'ordonner elles-mêmes doivent-elles toujours rejeter, en principe, toute institution qui n'offre pas des garanties absolues contre l'injustice. C'est pourquoi ces sociétés ne sauraient mieux faire, en définitive, que de s'en remettre à elles seules du soin de régler leur propre destinée sociale et de rejeter par conséquent tout système électoral qui les met trait sous l'autorité absolue d'une caste privilégiée quelconque.

D'ailleurs la multitude a forcément la suprématie du nombre sur toutes les castes supérieures, même réunies, qui peuvent se former parmi elle à la faveur de l'intelligence ou de la richesse ; or, le nombre faisant naturellement la force lorsqu'il se rapporte à une société parfaitement polarisée dont par conséquent tous les efforts individuels s'ajoutent, il s'ensuit que la multitude est forcément toute-puissante dans ces conditions et qu'en conséquence elle rejetterait immanquablement tout système électoral qui tendrait à lui enlever cette puissance.

Au reste, si le nombre fait loi dans une société polarisée, il serait erroné d'en conclure que cette loi dût forcément ressortir à la seule force brutale.

En effet, s'il est exact que l'intelligence divulgue aujourd'hui toutes ses œuvres et que, par cela même, en tant que corps distinct, elle reste totalement désarmée auprès de la multitude, il n'en est pas moins vrai cependant que c'est elle seule, en revanche, sous de multiples fonctions, qui polarise effectivement le corps social : de telle sorte que c'est bien elle, en réalité, qui pratiquement fait la loi dans le monde, non pas la force brutale.

La loi de l'intelligence, c'est-à-dire la justice, prime donc, en définitive, la loi du nombre, c'est-à-dire la force brutale, dans toute société parfaitement polarisée, ou plus exactement la force y sert la justice.

Or, la société idéale est précisément celle où la force serait entièrement au service du droit. Si donc, dans la société polarisée, le droit et la justice sont pratiquement ce que la loi du nombre les définit, du moins doit-on supposer que plus le degré de polarisation de cette société sera élevé, plus ces définitions arbitraires du droit et de la justice se rapprocheront de leur forme absolue, c'est-à-dire plus elles seront vraies au regard de l'absolu.

Quoi qu'il en soit, il ressort précisément de

ces conclusions que si les démocraties tendent toutes à se polariser, de plus en plus, elles ne peuvent y parvenir cependant qu'à des degrés variables de l'une à l'autre, et même variables pour chacune d'elles d'un âge à un autre ; en sorte qu'il est difficile d'établir une forme constitutionnelle unique qui soit applicable rigoureusement à tous les cas de polarisation possibles.

Dans l'exposé suivant nous décrirons donc, dans leurs principes généraux, les formes constitutionnelles qui nous semblent convenir à deux types assez éloignés de démocratie, dont l'un correspondrait approximativement au syndicalisme professionnel qui est aujourd'hui en voie de formation en France et l'autre à la plupart des jeunes démocraties actuelles des autres pays constitutionnels de l'Europe continentale.

Nous décrirons en premier lieu la forme qui convient au syndicalisme professionnel.

Si théoriquement le nombre seul doit faire loi dans une société ainsi polarisée, pratiquement nous devons toujours tenir compte néanmoins de la faillibilité humaine, à quelque niveau que soit parvenue l'évolution sociale ;

8*

en sorte que nous devons toujours exiger des
institutions sociales des garanties effectives
contre les erreurs que cette faillibilité peut occasionner à tout propos et à tout moment. C'est
pourquoi, en principe, il faut éviter qu'en
matière de législation les lois puissent être
rendues exécutoires par les corps législatifs
eux-mêmes et qu'en matière de procédure cri-
minelle les jugements puissent être exécutés par
les tribunaux eux-mêmes qui les prononcent.
Or, cela nous conduira précisément à instituer,
comme à présent, à côté de la Chambre législative un Sénat et à côté du Sénat un Conseil
d'État ; à côté des tribunaux de première instance, des tribunaux d'appel et une cour supérieure de cassation. C'est dire par conséquent
que la forme constitutionnelle en vigueur
actuellement en France est, à peu de chose
près, celle qui convient le mieux à notre cas
extrême, quoiqu'elle soit par cela même beaucoup trop au-dessus du niveau social actuel et
la cause par conséquent des désordres politiques et administratifs auxquels elle donne si
souvent lieu : grâce au crédit que la naïveté ou
l'ignorance accordent habituellement au bagout
et à l'esbroufe, la politique ne sert guère, en

effet, que tout simplement de tremplin à l'arrivisme pour essayer d'atteindre gratuitement aux plus hautes fonctions de l'État.

Ce n'est pas cependant que le syndicalisme professionnel doive, à notre sens, être la dernière manifestation du progrès social ; nous pensons même que le corps social pourrait se polariser sans doute encore de bien d'autres manières dont les plus appréciables *à priori* seraient empruntées au pur sentiment, c'est-à-dire à l'idéalisme et qui réuniraient, par conséquent, en un même corps, tous les individus qui auraient les mêmes sentiments ou le même idéal, c'est à-dire le même amour du beau. Assurément le rêve serait d'opérer des groupements qui réuniraient à la fois ces conditions et celles du syndicalisme professionnel ; malheureusement ce progrès ne semble pas devoir se réaliser encore de longtemps. De nos jours, en effet, il semble bien difficile d'amener à fraterniser un homme d'argent, âpre au gain et sans vertu morale, avec un saint Vincent de Paul, c'est-à-dire un homme-animal avec un pur esprit. Aussi croyons-nous que pendant longtemps encore l'intérêt matériel primera le pur sentiment dans la société humaine ; or, c'est pourquoi le syndicalisme professionnel nous paraît être la forme de polarisation le plus immédiatement réalisable de nos jours et celle vers laquelle tendra en premier lieu le prolétariat en France.

Quoi qu'il en soit, quelque progrès qu'elle doive réaliser, la société syndicaliste ne pourra donc être qu'une forme transitoire, encore très insuffisante d'ailleurs, entre la société actuelle et celle où le pur esprit régnera définitivement sur les forces physiques ; en sorte que la forme constitutionnelle qui sera applicable à la société syndicaliste devra présenter nécessairement toutes les garanties que réclame son insuffisance.

Or, ces garanties devront avoir surtout pour effet d'imposer un contrôle général à la volonté populaire, sur quelque objet qu'elle s'arrête ; c'est-à-dire qu'en aucun cas le suffrage universel ne devra pouvoir s'exercer sans contrôle à l'égard des institutions ou des lois, ce qui doit conduire précisément à constituer des corps comme le Sénat ou le Conseil d'État afin de tamiser en quelque sorte la volonté populaire.

Toutefois, malgré ces réserves essentielles, il conviendra que les lois constitutionnelles aient pour point de départ, c'est-à-dire pour base, la volonté elle-même de la multitude et que par conséquent cette volonté puisse tout au moins s'exprimer par voie de suffrage universel, égalitaire et direct, à l'égard de la première chambre législative.

Voici, au surplus, comment dans ces conditions pourrait s'exercer ce suffrage sous le régime syndicaliste. La société étant subdivisée en syndicats professionnels, chaque syndicat procéderait séparément à l'élection de ses propres représentants et ceux-ci seraient en nombre proportionnel à l'importance numérique du syndicat qui les aurait élus ; d'autre part, tous les individus indépendants ou qui ne seraient pas susceptibles d'entrer dans un syndicat seraient groupés indistinctement par circonscriptions pour voter au même titre que les syndicataires ordinaires.

En sorte qu'ainsi la Chambre législative représenterait aussi exactement que possible l'universalité de tous les groupements sociaux existant dans le pays, et serait, à vrai dire, l'image du corps social lui-même ou plutôt ce corps social lui-même en miniature.

Au-dessus de cette Chambre législative, il

serait institué, ainsi que nous l'avons déjà dit, une haute Chambre qui aurait exactement les attributions actuelles du Sénat et qui serait nommée et révoquée également de la même manière qu'aujourd'hui.

Enfin, au-dessus du Sénat serait institué le Conseil d'État qui serait présidé par le Président de la République et qui représenterait par conséquent le pouvoir exécutif; il serait nommé et révoqué comme aujourd'hui.

Toutefois, le Conseil d'État ne pourrait exercer un droit de *veto* que sur les lois qui seraient inconstitutionnelles; mais il aurait, en revanche, soit sur l'initiative du Président, soit sur la sienne propre, le droit de voter spontanément toute amnistie comme aussi de reviser toute procédure à tout instant, voire même après appel, n'étant d'ailleurs tenu qu'à publier au *Journal officiel* l'exposé des motifs qu'il invoquerait à l'appui de ses décisions à cet égard. Cependant ce droit, qui aurait pour objet d'introduire l'arbitraire *intra limites* (1) dans la justice sociale et partant de donner au code une élasticité en quelque sorte de pure cons-

____

(1) Voir l'article intitulé : « De l'arbitraire en justice. »

cience, ne pourrait s'exercer que dans le sens du pardon et aurait pour effet par conséquent de diminuer la peine sans pouvoir l'aggraver en aucun cas. A l'égard de la peine de mort (1), le Président de la République pourrait en outre exercer en dernier ressort et en toute indépendance, contradictoirement même avec le Conseil d'État, le droit de grâce, sans avoir à justifier sa décision auprès de qui que ce soit.

Concernant la procédure, il serait institué des tribunaux d'appel à côté des tribunaux de première instance et une cour de cassation en dernier lieu pour vérifier si les formes de la procédure auraient été exactement suivies dans tous les cas; le Conseil d'État, ainsi que nous l'avons dit, pourrait en outre reviser spontanément tout procès à tout moment et diligenter même toutes procédures en cours.

La Chambre serait renouvelée comme aujourd'hui tous les quatre ans. Mais afin de donner à la fonction législative une stabilité qui engage le député à se consacrer entièrement aux études qu'elle comporte, il serait alloué à celui-ci, à titre d'indemnité, la moitié du montant de ses honoraires pendant toute la durée de la légis-

(1) Voir l'article intitulé : « Sur la peine de mort. »

lature qui suivrait sa non-réélection ; en outre, s'il échouait à nouveau, aux élections suivantes, il serait versé d'office dans un corps administratif selon sa capacité.

Quant au Président de la République, il serait nommé et révoqué comme à présent, mais il ne pourrait être réélu à l'expiration de son septennat pour éviter que le favoritisme ne se crée une cour auprès de lui. Outre le droit de grâce à l'égard des condamnés à mort et le pouvoir exclusif de choisir et de nommer les ministres, il aurait toutes les attributions qui lui seraient conférées par sa qualité de membre et de Président du Conseil d'État. C'est lui, enfin, qui représenterait la France auprès des puissances étrangères.

*
* *

Mais, nous le répétons, la forme constitutionnelle que nous venons de décrire dans ses principes essentiels ne conviendrait bien en réalité qu'à une société déjà parfaitement polarisée, comme nous pensons que pourra l'être la démocratie française sous le régime du syndicalisme professionnel lorsqu'il sera bien établi. Elle serait, au contraire, et c'est précisément ce qui arrive à peu près partout de nos jours, même en France, une arme de suicide entre les mains de jeunes démocraties encore trop amorphes; c'est-à-dire encore trop peu ordonnées pour pouvoir se conduire et se défendre elles-mêmes contre leurs ennemis surtout contre les arrivistes de tous clans qui ne briguent les fonctions législatives que pour les seuls avantages physiques ou moraux qu'ils espèrent en retirer.

Ces démocraties seraient pour ainsi dire tout aussi embarrassées en cet état pour se diriger ou, ce qui revient au même, pour choisir leurs représentants, que le seraient de jeunes enfants pour choisir leurs parents si aucun instinct ne les guidait à cet effet. Les parents que ces enfants se donneraient n'auraient aucun amour de *nature* pour eux, et dès lors la famille serait sans aucune stabilité.

Or, la même instabilité régnerait dans le corps social s'il était gouverné par une Chambre issue du suffrage universel égalitaire et direct en l'absence de toute compétence électorale propre chez le peuple et en l'absence surtout de toute organisation sociale capable de suppléer à ce défaut de compétence.

Aussi croyons-nous qu'en pareil cas le suffrage universel devrait se borner à n'accorder au peuple qu'un simple droit de *veto* : les lois seraient étudiées par une Chambre législative dont les membres se recruteraient à la manière dont se recrutent ceux du corps universitaire, par exemple, pour qu'ainsi le vrai mérite seul pût être admis ; mais, en revanche, le corps exécutif serait exclusivement représenté par le Président de la République qui serait l'élu direct du peuple par voie de *referendum* universel et égalitaire.

Toutefois il serait créé un Conseil d'État qui aurait pour attributions de soumettre les lois votées par la Chambre législative à l'agrément du Président, après avoir écarté au préalable toutes celles qui seraient inconstitutionnelles, de manière que le Président n'eût à examiner en dernier ressort que les lois ainsi épurées dans cette limite rigoureuse.

Le Conseil d'État serait nommé par la Chambre législative pour une durée de dix années avec droit de rééligibilité, mais ses membres seraient pris en dehors de la Chambre ; il nommerait lui-même un Conseil supérieur qui serait pris, au contraire, exclusivement dans la Chambre et qui aurait des attributions analogues à celles du Conseil actuel des ministres. Toutefois ce Conseil supérieur pourrait à tout moment dissoudre la Chambre législative ou en révoquer partiellement les membres ; mais il pourrait être dissous lui-même à tout moment également par le chef de l'État. Celui-ci enfin pourrait être révoqué par le Conseil d'État qui devrait en ce cas procéder immédiatement à un *referendum* universel à l'effet d'élire un nouveau Président ou de réélire l'ancien ; mais, en prévision de cette éventualité dernière et partant d'un conflit persistant entre le Conseil d'État et l'ancien Président réélu, il serait fait appel d'office à l'arbitrage d'une Haute Cour qui devrait décider sans appel de la révocation définitive du Président ou, dans le cas contraire, de la dissolution du Conseil d'État.

Cette Haute Cour serait constituée par l'universalité des membres d'un Conseil général qui serait comme aujourd'hui nommé par voie de suffrage universel et direct.

Le Conseil général, au surplus, aurait la faculté de se réunir sur simple avis de son Président, pour le moins une fois tous les six mois, aux fins d'examiner les lois qui auraient été promulguées antérieurement et de formuler les vœux de la nation à cet égard comme aussi bien à l'égard de toutes réformes nouvelles qu'il estimerait d'une utilité générale. Les vœux qu'il formulerait ainsi seraient transmis à la Chambre législative par l'intermédiaire du Conseil d'État qui devrait y répondre.

Concernant les élections et les dissolutions, le jeu en serait établi en toute rigueur sur les principes suivants : 1° *en aucun cas les corps dissous ne pourraient être réélus par ceux qui auraient prononcé leur dissolution* ; 2° *en aucun cas non plus, en dehors des manifestations immédiates du suffrage universel, les corps électifs ne pourraient être pris parmi leurs corps électeurs respectifs.*

Enfin, pour que la forme constitutionnelle que nous venons d'exposer eût un caractère franchement démocratique et égalitaire à l'égard surtout des fonctions législatives, il serait indispensable que ces fonctions pussent être accessibles au mérite universel en toute impartialité, c'est-à-dire sans que certains candidats pussent être avantagés sur d'autres par des considérations de richesse ou de classe. A cet effet, l'instruction devrait être gratuite et obligatoire sur tout le territoire de la République, afin d'assurer précisément à tous les citoyens, riches ou pauvres, le libre accès, par voie d'examens et dans des conditions égales, aux écoles de l'État et parlant aussi ensuite aux fonctions législatives.

C'est d'ailleurs ces conditions de parfaite égalité que ne saurait établir dans aucun pays le régime constitutionnel moderne à l'égard des fonctions législatives, en raison précisément de la vénalité quasi universelle des électeurs qui arrête la plupart des candidats à la députation lorsqu'ils sont sans fortune. En sorte que les fonctions législatives sont presque exclusivement aujourd'hui l'apanage de la bourgeoisie capitaliste, qui se trouve être ainsi la maîtresse absolue de nos destinées sociales, quoiqu'elle forme en général par son égoïsme et par son autoritarisme habituels la caste la moins démocratique qui puisse être.

*
* *

Pour ce qui concerne, enfin, le suffrage *proportionné*, et bien que nous l'estimions d'une application difficile dans un pays à esprit aussi égalitaire que la France, nous allons décrire néanmoins le mode de répartition des voix auquel ce système pourrait le plus judicieusement donner lieu.

En premier lieu, il serait attribué une voix égale à tous les électeurs, sans distinction de classe ou de fortune, pour marquer ainsi l'esprit d'égalité de la constitution devant le principe de liberté individuelle.

En second lieu, il serait attribué aux mêmes, outre la voix fixe précédente, un nombre de voix ou de fractions de voix privilégiées en proportion de la valeur reconnue de leurs propriétés foncières ou immobilières sises en territoire français, et ces voix leur donneraient le droit de voter dans toutes les circonscriptions électorales auxquelles se rattacheraient leurs propriétés dans la limite, naturellement, pour chaque circonscription, des voix qu'ils y posséderaient.

En sorte qu'un même électeur aurait droit : 1° à une voix fixe dans la circonscription où il aurait élu domicile ; 2° dans cette même circonscription, à autant de voix ou de fractions de voix privilégiées que lui en assurerait la propriété foncière ou immobilière qu'il y posséderait, sans préjudice pour le droit de vote que lui accorderait en outre dans les autres circonscriptions la propriété qu'il y posséderait également.

Toutefois, l'impôt sur le revenu pourrait peut-être plus justement encore servir de base à cette répartition des voix privilégiées ?

Quoi qu'il en soit, il faudrait, pour pratiquer utilement ce système électoral, accorder le droit de vote par correspondance et créer à cet effet, dans chaque localité, un service de dépouillement du scrutin suffisant pour empêcher la fraude et l'indiscrétion.

De toute façon, le vote devrait être obligatoire sous peine d'une amende sévère en cas de non-justification. Il serait juste aussi que le vote par correspondance pût se pratiquer même de l'étranger par simple envoi postal des bulletins de vote sous un pli cacheté et recommandé qui renfermerait, outre les bulletins fermés précités, un avis ouvert de l'électeur portant sa signature en triple exemplaire, comme il est exigé. par exemple, dans les grands établissements de crédit pour les demandes d'envois postaux de fonds.

On pourrait faire droit enfin à l'intellectualisme et au mérite, de quelque nature qu'ils se manifestassent, en leur attribuant un certain nombre de voix ou de fractions de voix dont la répartition serait faite soit par voie d'examens, soit de toute autre manière qui pût offrir une garantie suffisante contre le népotisme.

Celui qui aurait droit à quatre voix ou fractions de voix, je suppose, remettrait un pli fermé que le comité électoral seul pourrait ouvrir, et dans ce pli il y aurait quatre autres plis fermés qui contiendraient chacun un bulletin de vote imprimé.

On jetterait ensuite ces plis-bulletins dans l'urne après avoir rayé sur la liste électorale le nom du votant et vérifié s'il a bien droit au nombre de bulletins représenté par ces plis ; puis, au dépouillement du scrutin, on annulerait les bulletins qui auraient été mis frauduleusement en double ou en triple exemplaire sous un même pli-bulletin.

Enfin, pour faciliter cette vérification on pourrait peut-être avoir intérêt à exiger l'envoi de la carte d'électeur au lieu de la signature, auquel cas chaque carte devrait mentionner le nombre des voix que posséderait de droit son titulaire ; elles devraient porter aussi sa signature, son adresse et sa photographie.

14 juin 1909.

Le plus grand reproche que l'on puisse justement faire au suffrage universel repose sur l'ignorance des électeurs et partant sur leur inaptitude à distinguer la valeur des candidats sur lesquels doit porter leur choix. Or, ce reproche pourrait tout aussi bien s'adresser à un corps électoral restreint, car l'accord est parfois aussi difficile à établir entre un très petit nombre d'individus qu'entre toute une multitude, et c'est pourquoi d'ailleurs le jugement résultant d'une assemblée quelconque est généralement inférieur à celui d'un seul individu qui pourrait s'exprimer en toute indépendance. Mais on pourrait remédier quelque peu à cet inconvénient en exigeant des candidats à la députation des aptitudes et des connaissances spéciales aux fonctions législatives et créer à cet effet, pour l'étude des sciences politiques et sociales, des Facultés comme il en existe pour la médecine, pour l'enseignement universitaire, pour le droit, etc. Tout bien considéré, cette réforme serait peut-être la meilleure de toutes celles que nous avons proposées, en tout cas la plus simple. En admettant même que les candidats les plus méritants restent encore ignorés ainsi à cause de leur humilité qui est précisément dans le caractère habituel du génie, du moins l'erreur qui en résulterait aurait-elle des conséquences moins importantes qu'à présent, puisque tous les candidats, depuis les moins méritants, posséderaient le minimum des connaissances générales que réclament les fonctions législatives.

Il serait, enfin, bien désirable que l'on réformât les mœurs électorales, dans le but d'épargner aux candidats à la députation les assauts parfois très humiliants, devant lesquels d'ailleurs beaucoup reculent parmi les meilleurs, des réunions électorales et qu'à cet effet ce dût être aux électeurs à solliciter eux-mêmes du candidat de leur choix l'honneur qu'il les représente, non pas l'inverse ; des réformes dans ce sens nous semblent tout à fait désirables pour relever le niveau moral de nos assemblées législatives, si tant est que la multitude soit jamais capable de faire elle-même acte de sagesse et de raison, tout au moins au même degré que si elle jouissait à cet effet des attributs d'une individualité propre et pensante qui aurait toute initiative et pleine indépendance.

.*.

C'est la force universelle qui seule règle l'évolution du corps social et engendre, à cet effet, tous les organes actifs destinés à coopérer à cette évolution. Or, ces organes ne sont autres que ce que nous appelons communément les génies créateurs ou directeurs, et c'est précisément pourquoi, en dehors de ces génies, il n'est point de salut pour les peuples sur la terre. Ce sont eux, du reste, qui ont fait le monde ce qu'il est aujourd'hui et l'ont toujours dirigé depuis la plus haute antiquité, ayant fait de toutes pièces les religions successives qui l'ont amené peu à peu au progrès social où il est arrivé de nos jours. Aussi, à ce point de vue est-il vraisemblable d'admettre que les castes nobles ont dû être dans les âges primitifs comme de véritables sécrétions morales spontanées du corps social que la nature aurait elle-même extériorisées ainsi pour qu'elles tinssent ce corps social ordonné sous l'empire de leurs hautes vertus. Aussi est-il permis d'en conclure que c'est seulement lorsque les masses sociales seront en état de retenir diluées en elles, sous de multiples aspects et en de multiples fonctions, ces mêmes principes directeurs ou polarisateurs essentiels qu'elles seront aptes à se diriger elles-mêmes en toute raison comme en toute conscience.

LXVIII

Cas de légitimité morale de la guerre.

Si la guerre offre l'avantage de réveiller les consciences individuelles, en revanche elle présente l'inconvénient capital de conduire au progrès moral par le mal.

Or, le progrès moral ne peut suivre une marche normale qu'en restant en harmonie parfaite avec le progrès physique ; sacrifier celui-ci pour celui-là, c'est donc troubler l'harmonie universelle dans ses fonctions naturelles et, à ce titre, la guerre est certainement une erreur sociale, la plus affreuse sans doute puisqu'elle est créatrice des pires malheurs et des plus cruelles injustices.

Si, par impossible, l'on pouvait réunir avant le combat tous les soldats qui doivent y être tués et si les peuples étaient conviés à ce massacre d'ensemble, ils se révolteraient sans aucun doute pour en empêcher la perpétration ; l'univers tout entier serait lui-même secoué d'une immense pitié qui lui ferait crier grâce. Il n'y aurait pas en tout cas de père de famille qui acceptât d'accroître sa fortune au prix d'un pareil crime et ne consentît au contraire à la perte de tous ses biens pour l'empêcher.

Et pourtant la guerre n'a pas d'autre motif le plus souvent qu'un intérêt purement matériel; parfois même cet intérêt ne doit profiter d'aucune manière aux peuples qu'il met en lutte, mais simplement aux dynasties qui règnent sur eux, et cela ajoute encore à l'horreur et au dégoût qu'inspire la guerre.

Il est bien certain toutefois que la force est nécessaire à l'établissement du droit et de la justice sur la terre; or, la force ne saurait s'exercer sans chocs et lorsqu'il s'agit, par exemple, pour un peuple, de se défendre contre l'étranger, alors la guerre devient naturellement une nécessité sociale pour ce peuple puisqu'elle est au service de son droit.

Mais c'est seulement lorsqu'elle sert ainsi le droit et partant la justice que la guerre est approuvée par l'ordre universel, précisément parce qu'elle est, dans ce cas, une double manifestation harmonique de l'ordre physique et de l'ordre moral.

Au surplus, le progrès universel ne peut subir aucun arrêt persistant ; aussi, tant que l'évolution générale ne s'opérera pas librement dans le corps social d'une façon normale et continue, les grandes révolutions sociales y seront à redouter, car elles seront les réactions nécessaires de l'ordre physique et de l'ordre moral contre les contraintes exercées sur eux. D'ailleurs ces réactions ne peuvent manquer de s'exercer fatalement puisque la force universelle d'évolution, qui seule règle la destinée du monde et préétablit par conséquent les fins successives de toutes les manifestations phénoménales, doit nécessairement l'emporter en définitive sur toute action qui lui est antagoniste.

De ces considérations il ressort donc bien en tout cas que de nos jours les peuples doivent rester armés pour pouvoir se défendre contre l'éventualité toujours possible d'une agression arbitraire et tyrannique, en l'absence encore de toute organisation universelle supérieure capable de garantir à la fois leur libre évolution respective et la bonne harmonie de leurs rapports sociaux.

Mais, pour la même raison que l'ordre physique a besoin d'une armée pour sa défense, l'ordre moral a besoin d'une organisation morale analogue à l'organisation religieuse pour pouvoir retenir ou tout au moins pour pouvoir paralyser l'élan du vice dans son assaut perpétuel contre la vertu.

15 janvier 1909.

Il arrivera vraisemblablement un jour où les Européens n'éprouveront pas plus de fierté d'être citoyens de tel ou tel État que les Français d'aujourd'hui d'appartenir à la Bourgogne plutôt qu'à l'Orléanais, quoiqu'ils continueront, sans doute, d'aimer de préférence leur terre natale à toutes les autres, la terre où aura grandi leur enfance. Toutefois cette éventualité ne se réalisera guère que lorsque les peuples se seront mêlés si intimement les uns aux autres qu'ils appartiendront par leur ascendance à presque toutes les nationalités, à moins qu'elle ne se réalise cependant par la seule fusion de la pensée avant celle de la chair. Quoi qu'il en soit, nous n'en sommes encore ni à l'un ni à l'autre de ces deux cas, et jusque-là nous sommes fondés à croire qu'il continuera d'y avoir des risques de guerre entre les peuples de nationalités différentes.

LXIX

La faillite des armées nationales.

Sous l'empire de la grande loi d'harmonie universelle la nature oblige les hommes à se maintenir en équilibre constant avec leur ambiance propre, physique ou morale. A cet effet des contraintes incessantes sont exercées sur eux pour leur double conscience physique et morale dont les fonctions sont ainsi d'assurer l'harmonie de leurs rapports sociaux avec l'universalité du monde phénoménal, hommes, animaux et choses.

De cet équilibre harmonique général, qu'il est ainsi dans la volonté essentielle de la nature d'établir, découle, en revanche, pour les hommes, un bien-être social à la fois physique et moral qui se trouve être aussi, par conséquent, l'expression de cette même volonté essentielle ; en sorte que logiquement la recherche du bien-être social devient, à vrai dire, pour les hommes, une véritable obligation impérieuse de nature.

Or, les conditions générales de l'ambiance universelle se modifiant sans cesse, les fonctions de l'évolution consistent par conséquent à plier êtres et choses aux variations incessantes de cette ambiance, pour les maintenir en état d'équilibre constant avec elle afin d'assurer aux individus leur bien-être général.

La loi du progrès n'est donc en réalité que la loi du bien-être, et c'est pourquoi la tradition absolue et la routine sont fatalement nuisibles aux individus comme aux sociétés qui s'y abandonnent, sous quelque prétexte que ce soit.

Mais de ces considérations il résulte nécessairement que les hommes ne sauraient vivre dans l'indépendance absolue les uns des autres puisqu'ils doivent tout au moins se connaître dans la mesure que fixe la loi d'harmonie universelle pour leurs rapports sociaux. Si grand donc que soit d'instinct leur amour pour la liberté, la loi du bien-être les tient quand même dans une dépendance relative et parfois les oblige à unir étroitement leurs efforts lorsqu'il s'agit de la défense de leurs intérêts communs ; or, c'est ainsi qu'ils ont été amenés de tout temps à instituer des armées pour le maintien de leurs privilèges ou de leurs libertés.

Est-ce à dire cependant qu'il faille, pour former ces armées, embrigader nécessairement sous une même discipline égalitaire des individus de conditions sociales et surtout d'esprit et de tempérament absolument disparates ? que cela soit salutaire aux armées elles-mêmes?

— Non, répond la raison, à cause des haines de castes que la promiscuité égalitaire ne peut manquer d'engendrer dans ces conditions et que la force brutale est elle-même d'ailleurs toujours la première à aviver par ses exactions vexatoires et humiliantes dont elle est généralement coutumière à l'égard de l'intelligence, toutes les fois qu'elle a l'occasion d'exercer son empire sur elle.

Or, ce sont précisément des haines de cette nature qui occasionnent les désordres essentiels qu'on observe à peu près universellement aujourd'hui dans les armées nationales, et surtout dans celles où le progrès des idées est le plus avancé, c'est-à-dire parmi les peuples les plus civilisés.

Cependant, dans l'état encore à demi sauvage où nous vivons de nos jours, la force armée reste indispensable pour assurer l'unité nationale des peuples et leur indépendance, en sorte que le salut des nations est encore actuellement tout entier dans celui de leurs armées.

Comment donc dès lors concilier les droits de la liberté individuelle avec les exigences de la défense nationale ?

Or, la raison ne voit qu'une seule solution possible à cette question capitale ; elle consiste à substituer aux armées nationales des armées de métier qui soient formées exclusivement d'hommes ayant des aptitudes en quelque sorte innées pour le métier militaire et dont l'enrôlement soit par conséquent librement consenti, voire même désiré et voulu par eux.

Qu'on le sache, en effet, la liberté est la grande et universelle loi du monde conscient, et toute institution qui l'opprime est fausse et condamnée d'avance à disparaître, quelques ruines sociales qu'elle doive entraîner avec elle.

Aussi les armées nationales que les États de l'Europe s'obstinent malgré tout à conserver encore à grands frais de nos jours n'auront-elles forcément qu'un temps, et le progrès des idées apportera-t-il fatalement chez elles, à bref délai, les mêmes troubles qui ont si bouleversé, durant ces dix dernières années, l'armée nationale en France. Voici même que de tous côtés l'internationalisme commence à faire son œuvre destructrice parmi elles : à la tradition qui crie « Patrie », déjà l'écho universel répond « Liberté ».

19 décembre 1907.

La tradition tue, le progrès vivifie.

LXX

L'affaire des « fiches » et les conclusions à en tirer à l'égard du parlementarisme.

Doit-on approuver ou désapprouver la pratique des fiches dans l'armée ?

On doit, en principe, la désapprouver si l'armée est nationale, c'est-à-dire si elle est la réunion de tous les éléments constitutifs de la nation, à quelque niveau social qu'ils appartiennent, en vue de la défense de la patrie commune.

Cependant nous avons montré, par ailleurs, que la faillite des armées nationales était fatale et que cette faillite devait provoquer naturellement le retour aux armées de métier, parce que celles-ci seules sont compatibles, en temps de paix, avec les besoins essentiels de liberté, c'est-à-dire de libre évolution qu'ont les hommes aujourd'hui.

L'incident des « fiches » ne fut donc tout

simplement qu'une des nombreuses causes naturelles de la désagrégation qui affecte et qui fatalement affectera de plus en plus les armées nationales dans tous les pays sans exception, à commencer par les plus civilisés ; le dreyfusisme naguère en France, l'antimilitarisme et l'internationalisme un peu partout aujourd'hui, ne sont pas autre chose que des incidents naturels de ce genre.

Si coupable donc que la pratique des « fiches » puisse être à l'égard de l'armée nationale, et par conséquent aussi à l'égard de la nation puisqu'elle en affaiblit la défense, elle s'explique néanmoins par ce fait que cette armée est répudiée d'instinct par la nation elle-même qu'elle est chargée de défendre, et répudiée précisément parce qu'elle exerce sur les individus une contrainte qui porte entrave à leur liberté et leur cause un mal qu'ils estiment pire ou tout au moins égal au bienfait qu'ils en peuvent éventuellement recevoir.

D'ailleurs, la pratique des « fiches » est vieille comme le monde et date, peut-on dire, du jour où ont commencé à se produire dans la société des divisions qui y ont formé des castes ; elle fut surtout coutumière à l'excès chez la gent cléricale sous tous les règnes.

Au beau temps de la prépondérance de l'Église, le billet de confession tenait lieu, en effet, de références méritoires pour l'avancement aussi bien dans l'armée que dans les administrations publiques ou privées, et le malheureux libre-penseur eût certes pu raisonner pendant longtemps qu'il n'eût pu réussir à convaincre de son mérite ses chefs hiérarchiques inféodés à l'Église.

Encore de nos jours, bon nombre de nos grandes industries privées n'ont-elles pas très souvent à leur tête un état-major presque exclusivement clérical et entièrement fermé aux idées modernes ?

Or, une intransigeance impitoyable a presque toujours été de règle dans ces clans religieux, et ce fut là précisément une des principales causes des haines inextinguibles que s'est attirées le parti clérical.

Pourtant, et pour en revenir à la question des fiches, la raison, en principe, avons-nous dit, en condamne formellement la pratique dans toute armée nationale, précisément parce qu'étant nationale cette armée doit accueillir également tous les partis et toutes les croyances ; or, cet argument ne souffre aucune contradiction.

Cependant, il faut bien admettre parallèlement que les auteurs responsables de cette pratique ont pu servir en quelque sorte d'instinct, voire même inconsciemment en tant qu'organes de la force d'évolution, la cause désorganisatrice des armées nationales ; en sorte que, en définitive, et pour sortir de cette équivoque, il faut bien reconnaître que, au regard du progrès social, si l'on se place à un point de vue philosophique et général qui permette par conséquent de faire momentanément abstraction de tout intérêt purement national et particulier, la pratique des fiches s'explique et se défend ; au point de vue national, au contraire, nous le répétons, nos conclusions sont tout opposées à cause du péril extérieur, mais à cause de cela seulement.

Au surplus, à l'envisager comme représailles, la pratique des fiches eût pu déjà s'expliquer suffisamment en cela si l'on admet que la vengeance est réellement le plaisir suprême des dieux, car nos dieux démocrates ont assurément dû amasser avant leur règne de terribles rancunes du fait des injustices et des exactions qui furent commises à leur égard par leurs redoutables ennemis. D'ailleurs, qui est incapable de haine est incapable d'amour ; par conséquent il y a injustice, envers ceux qui nous aiment et nous font du bien, à ne pas les aimer davantage que ceux qui nous haïssent et nous font du mal.

Pour ne point haïr son ennemi, il faudrait donc être si extérieur à la vie sociale qu'on n'en pût percevoir les bruits. Or, seule la philosophie peut tenir l'homme en cet état d'extériorisation absolue; en dehors d'elle, on n'empêchera jamais, en effet, les hommes d'aimer et de haïr à la fois, ni partant de favoriser leurs amis et de chercher à nuire à leurs ennemis.

A ce point de vue, l'affaire des fiches est aussi une preuve de plus que la destinée d'un pays ne devrait jamais être confiée à un parti politique quel qu'il soit, parce que tout naturellement ce parti gouvernera pour lui et non pour la nation tout entière indistinctement.

Plaise donc à Dieu que les démocraties puissent en arriver, tout au moins, à défaut d'une direction philosophique supérieure, à se gouverner elles-mêmes par l'association raisonnée de tous les intérêts en jeu dans la nation, au lieu de s'en rapporter comme aujourd'hui au bon plaisir de politiciens qui sont pour la plupart ignorants des intérêts généraux qu'ils ont à défendre et qui n'ont même le plus souvent que la vanité de leur fonction ; qui sont par conséquent sans amour ni dévouement pour la grande cause sociale et humanitaire.

Or, après tout, pourquoi le corps législatif ne serait-il pas fractionné en chambres distinctes qui représenteraient respectivement l'industrie, le commerce, l'agriculture, les principaux corps de métiers, etc. ?

Et pourquoi ces chambres ne seraient-elles pas, en outre, nommées par leurs syndicats respectifs ?

Au moins, ne placerait-on plus de la sorte un médecin à la tête des finances ou un boursier à la tête de l'industrie et ne verrait-on plus un politicien quelconque passer indifféremment, selon les combinaisons ministérielles, du commerce à la marine, des travaux publics aux cultes ou *vice versa*.

Non, à l'époque de positivisme où nous sommes, il est inadmissible que le bon sens du peuple tarde davantage à lui faire comprendre que dans la vie sociale il y a des faits positifs qui sont au-dessus de toute politique et que, en définitive, si celle-ci a son intérêt au point de vue général du progrès des mœurs et des idées, du moins ne sert-elle de rien lorsqu'il s'agit de faire pousser le blé, de vendre la toile ou de forger le fer : quelle que puisse être par exemple son opinion politique ou religieuse, le forgeron devra toujours porter le fer à la même température pour le pouvoir travailler ; or, ce qui devra lui importer avant toute politique, ce sera d'avoir du combustible au meilleur marché possible.

Qu'on le sache donc, la prospérité économique ne saurait régner dans un pays que si la politique y est reléguée au second rang des préoccupations sociales ; c'est à cette condition seulement que le prolétariat pourra faire triompher ses revendications, car le progrès social ne va pas sans la prospérité économique en général.

20 décembre 1907.

Gouverner avec une majorité, c'est gouverner contre la minorité restante et c'est par conséquent faire du sectarisme, c'est-à-dire du despotisme haineux ; or, c'est là le point essentiellement faible de tout parlementarisme en général.

LXXI

De l'arbitraire et du huis clos en justice

Aucune formule, aucune définition, n'échappent à la loi d'exception. Pour être parfaitement équitable dans son jugement, la justice doit donc avoir assez d'élasticité pour pouvoir se libérer des formules du Code toutes les fois qu'elle est en présence d'un cas d'exception de nature à mettre en défaut d'équité ses principes généraux de pure légalité.

Il faut, en effet, distinguer l'équité de la légalité. Or, tandis que celle-ci est tout entière dans la lettre du Code, celle-là en est au contraire seulement dans l'esprit.

— Mais sortir de la lettre, c'est entrer dans l'arbitraire.

— Au point de vue de l'équité, l'arbitraire est donc indispensable en justice, car la justice ne se conçoit pas sans l'équité. La difficulté consiste toutefois à régler les limites dans lesquelles doit se renfermer l'arbitraire pour qu'il ne puisse commettre aucun excès de nature à constituer une iniquité en sens contraire.

Or, quelle garantie pouvons-nous prendre contre cette iniquité par excès d'arbitraire ?

Quelque honnête que soit un juge, quelque indépendant qu'il soit du préjugé, il est néanmoins faillible puisqu'il est homme ; en sorte qu'il y a toujours prudence à exiger de lui des garanties contre toute erreur de ce chef pouvant résulter, par exemple, d'un parti pris, d'une idée préconçue ou d'une haine excessive capables de fausser parfois son jugement sans même qu'il s'en doute.

— Mais sur quoi reposer cette garantie ?

— Si la conscience était égale pour tous les hommes, elle suffirait à coup sûr pour établir cette garantie ; malheureusement la conscience est fonction du dispositif cérébral (1) et elle varie par conséquent d'une race à une autre, d'un individu à un autre, en sorte que la même faute peut, en toute sincérité, ne pas paraître également grave à tous les juges. Assurément la conscience est une dans son essence et par

____

(1) Lire dans les *Voix de la Raison* l'article intitulé « La faillite de la prière et la loi de conscience » ; lire aussi la 2e partie de la *Genèse du Monde*.

conséquent il ne nous appartient pas de sentir
à notre gré qu'une action est injuste lorsqu'elle
ne l'est pas, de la même manière d'ailleurs
qu'il ne nous appartient pas, dans l'ordre
physique, de traduire à notre gré une même sensation en plaisir ou en douleur. Cependant
la sensibilité du cerveau à toute action qui
provoque en lui la sensation de justice ou
d'injustice peut varier d'un individu à un autre ;
c'est pourquoi une même faute pourra être
jugée diversement par des juges différents et
avec d'autant plus de diversité que ces juges
appartiendront à des races plus éloignées. On
peut encore dire, au surplus, que le coupable
lui-même sera d'autant moins coupable qu'il
aura une moindre sensibilité de conscience,
c'est-à-dire qu'il sera plus éloigné du pur esprit
ou, si l'on veut. qu'il sera plus près de l'animalité. En sorte qu'à ce dernier point de vue
tels articles du Code qui fixent les degrés de
culpabilité relativement à tels ou tels délits
bien définis ne peuvent être justes qu'à l'égard
d'individus qui auraient un dispositif cérébral
égal ou analogue à ceux qui ont rédigé ces articles ; or, cela même n'est pas possible absolument. Il est donc parfaitement certain que tout

9*

jugement qui est prononcé d'après la lettre du Code, en dehors par conséquent de toutes considérations personnelles à l'accusé, a les plus grandes chances d'être erroné.

En réalité, il n'existe pas de bases d'une fixité suffisante pour tenir lieu de garantie absolue contre les erreurs de la justice humaine. A défaut de garantie absolue, nous devons donc nous contenter d'une garantie relative ; or, nous croyons qu'il n'en saurait exister une meilleure à la fois contre l'erreur involontaire et contre l'erreur consciente que celle qui consisterait à accorder aux juges la faculté d'exercer à leur gré un pouvoir arbitraire *à minima* qui leur permît simplement d'abaisser, dans de certaines limites que l'on fixerait, les peines énoncées au Code. Et ainsi l'on n'aurait plus à redouter du mauvais juge qu'un excès injustifié de bonté, mais jamais un excès de sévérité ; en tout cas, le pouvoir arbitraire *intra limites* qui lui serait ainsi accordé lui permettrait dans ces limites d'exercer la justice selon sa propre conscience, sans qu'il eût à craindre que son erreur pût être préjudiciable à personne puisqu'elle ne s'exercerait que dans le seul sens de la miséricorde.

Toutefois, au lieu d'accorder un pouvoir arbitraire aux juges, il serait peut-être plus pratique encore d'instituer une sorte de commission des grâces qui aurait la faculté d'examiner tous les jugements et de faire même une contre-enquête contradictoire à l'effet de réduire, s'il y avait lieu, les peines infligées par les tribunaux ordinaires.

*
* *

Mais la justice présente habituellement un défaut beaucoup plus grave encore que celui qui peut résulter d'une inégalité de conscience chez les juges ; ce défaut consiste dans sa lenteur et il est si grave qu'il peut même dénaturer absolument la justice au point, s'il est excessif, de l'amener, malgré elle, à servir davantage les malfaiteurs que les honnêtes gens.

Ce sont, en effet, les lenteurs habituelles des tribunaux qui font toute la force de la mauvaise foi dans la vie sociale parce qu'en raison de la valeur du temps il arrive très souvent que les vols dont on est victime de la part d'employés infidèles, de marchands peu scrupuleux ou d'agents d'affaires véreux coûtent beaucoup plus en temps dépensé à poursuivre les voleurs en justice que le montant lui-même du vol. Il est toujours possible, en effet, à ceux-ci de faire traîner plusieurs années un même procès au civil par le seul jeu des oppositions et des appels et comme, en plus du temps que ce procès peut coûter, on risque d'être l'objet, de la part de l'avocat adverse, de toutes sortes d'insinuations mensongères ou d'indiscrétions blessantes, on recule le plus souvent devant un procès comme devant une calamité ; de telle sorte qu'au lieu d'être le soutien des honnêtes gens, la justice est ainsi par sa propre faute leur pire terreur, cependant qu'en raison même de cela elle est, au contraire, pour sa plus grande honte, l'*alma mater*, peut-on dire, des malfaiteurs et des escrocs.

Et qu'est-ce, d'ailleurs, que cette tolérance abusive qu'ont les avocats de pouvoir ainsi impunément offenser à la barre leur adversaire ? Or, nous estimons que de telles mœurs sont, en général, une honte pour la justice parce que la conscience des juges doit être éclairée par des faits positifs, mais non par des circonventions.

Aussi pensons-nous que, pour éviter de semblables comédies, la justice devrait être rendue à huis clos devant simplement un auditoire

restreint qui serait choisi par voie de tirage au
sort parmi les électeurs de la localité où se tiendraient les séances afin de sauvegarder ainsi
le principe de la publicité des débats et sous la
condition, en plus, toutefois, que le jugement
fût prononcé en audience publique sans
restriction aucune à l'égard des auditeurs. Le
plus souvent, du reste, la mise en scène théâ-
trale des grands procès n'attire qu'un public
avide de scandales et qui ne réussit bien
par conséquent qu'à gêner sans aucune compensation l'exercice normal de la justice en
faisant impression sur la conscience des jurés ;
or, cela ne se pourrait pas produire en simple
comité particulier où ni les avocats ni les accu-
sés n'auraient plus l'occasion de se livrer à
des effets d'éloquence ou de cynisme pour la
galerie.

28 mai 1908.

Sans l'arbitraire *intra limites* au service d'une justice
impeccable et souveraine, la légalité est impuissante à
établir l'équité dans la société des hommes et à ce titre
elle est la plus grande erreur de la législation moderne
et l'application la plus défectueuse du principe d'égalité
absolue.

LXXII

De l'enseignement libre.

L'homme se ressent généralement toute sa vie de l'éducation qu'il a reçue dans son jeune âge et l'école est ainsi le principal foyer où les enfants puisent les germes des opinions politiques et sociales qu'ils professeront plus tard ; dussent même ces opinions devenir entièrement contraires à l'esprit de l'école, qu'elles se ressentiront néanmoins toujours quelque peu de cet esprit

A ce point de vue, on peut donc dire que le maître d'école est le grand maître des destinées politiques d'une nation.

La démocratie doit par conséquent redouter par-dessus tout pour son avenir les écoles libres dont l'enseignement serait dirigé contre ses idées essentielles.

Si universelle que doive être, en effet, la liberté dans son principe absolu, elle ne peut pas cependant s'abuser elle-même au point de

protéger ou tout au moins de laisser se développer sans contrôle des foyers d'opposition où
l'esprit libéral serait combattu sans merci.

En tout cas, sans aller jusqu'à l'interdiction
de l'enseignement libre. ce qui serait une mesure assurément antilibérale et par conséquent un abus, l'État pourrait tout au moins
obliger les enfants des écoles libres à fréquenter parallèlement ses propres écoles, afin qu'ils
y puisent pour le moins les germes des idées
progressistes et ne demeurent pas sous la seule
influence d'un enseignement rétrograde. Cependant la concurrence de l'enseignement libre
a, d'autre part, pour effet salutaire d'obliger
l'État à améliorer sans cesse son propre enseignement. A ce point de vue, l'école libre a par
conséquent une utilité positive incontestable,
et l'on peut simplement déplorer que l'État ait
ainsi besoin d'un tel stimulant pour faire le
premier de ses devoirs envers la démocratie.

21 décembre 1907.

L'homme se complaît dans la routine à cause des
habitudes invétérées qu'elle lui crée ; aussi la concurrence, qui seule peut secouer utilement la routine dans
tous les cas, est-elle généralement un mobile indispensable au progrès social.

LXXIII

De la richesse héréditaire.

S'il était pleinement avéré que la Fortune aveugle fût la seule dispensatrice de la richesse individuelle, on devrait bien en conclure logiquement que, auprès de l'esprit d'égalité, les riches détiendraient illégitimement la richesse et qu'en conséquence il serait de toute justice qu'on pût la leur voler impunément, c'est-à-dire sans que le vol pût être justement imputé à crime dans ce cas.

Mais il est des cas notoires et nombreux de richesses acquises en tout honneur et en toute conscience comme aussi bien en dehors de tout privilège, et qui, par cela même, se trouvent parfaitement légitimées auprès de l'esprit d'égalité ; dans ces cas, le vol serait donc une réelle injustice, qu'il conviendrait par conséquent de réprouver absolument.

D'ailleurs, par le fait même que le voleur exercerait le plus souvent son industrie à tout hasard, c'est-à-dire aussi bien contre le bon riche que contre le mauvais et qu'ainsi il n'opérerait pas une répartition de la richesse plus équitable que celle qu'a coutume d opérer la Fortune elle-même dans son aveuglement, la Justice égalitaire n'aurait rien à gagner à son intervention.

Mais il y a plus : quand bien même le voleur exercerait exclusivement son industrie sur le mauvais riche, la Justice égalitaire n'aurait encore rien à retirer du vol dans ces conditions parce qu'alors le voleur et le volé seraient tout aussi peu intéressants l'un que l'autre, étant improbable que l'industrie du vol doive jamais être exercée par les gens de réel mérite.

Quoi qu'il en soit, si les bons riches peuvent mériter la richesse lorsqu'ils l'ont conquise en toute conscience et en toute équité, du moins est-il permis de croire que leurs enfants n'auront pas toujours ce même mérite.

De toute façon il est choquant de penser que des enfants qui naissent égaux devant la nature entrent, au contraire, inégaux dans la vie sociale, et que plus tard les uns devront céder le pas aux autres sans aucune cause de mérite personnel.

C'est pourquoi nous pensons qu'en principe il serait convenable que l'État abolît tôt ou tard, partiellement tout au moins, c'est-à-dire dans une sage mesure qui ne pût porter atteinte aux libertés et aux droits sacrés du foyer familial, la richesse héréditaire, pour les mêmes raisons générales qu'il a aboli jadis la noblesse héréditaire (1).

Au surplus, nous avons démontré par ailleurs que l'État ne saurait justement invoquer aucun principe vraiment égalitaire pour abolir le droit à la richesse individuelle non héréditaire si cette richesse a été dûment acquise et si elle a, d'autre part, acquitté toutes les dettes sociales qui lui sont édictées par la solidarité (2).

19 mai 1908.

La richesse héréditaire est une injustice auprès de l'esprit d'égalité au même titre que l'est la noblesse héréditaire.

(1) Voir l'article : « De la protection des vieillards ».
(2 Voir l'article : « L'ultimatum du prolétariat ».

LXXIV

Loi restrictive à l'égard de la propriété agraire.

La propriété agraire devrait être limitée de manière à empêcher l'accaparement abusif de la terre par un même propriétaire ; mais la limite à imposer dans chaque commune devrait être à la fois fonction de la densité de sa population agricole et de la valeur intrinsèque de son sol.

Les terrains que cette loi restrictive laisseraient inoccupés seraient expropriés par la commune aussitôt qu'elle en aurait les moyens ; ils seraient ensuite cultivés par elle au profit de la collectivité communale.

Ils pourraient être cependant vendus ou loués par lots à autant de cultivateurs qui voudraient s'y établir ; mais un même propriétaire ne pourrait pas agrandir sa propriété au delà de la limite réglementaire propre à la commune, à moins que ce ne soit au profit de ses enfants et sous la condition, au surplus, que ceux-ci soient eux-mêmes cultivateurs fixés dans le pays ou appelés à s'y fixer.

Cependant un même cultivateur pourrait toujours prendre en location des terrains appartenant à la commune ou à d'autres propriétaires qui viendraient à cesser d'emblaver leurs terres ; mais la location n'en pourrait être faite dans ces cas que par baux triennaux résiliables, à l'expiration de chaque période triennale, à la volonté de la commune, afin que celle-ci pût vendre ou louer ces mêmes terrains à toutes familles nouvelles de cultivateurs qui viendraient résider dans le pays. Les cultivateurs qui abandonneraient la culture de leurs terres n'auraient donc que la ressource de les louer par baux triennaux, résiliables à la volonté de la commune, ou de les vendre soit à la commune, soit aux particuliers dont la propriété n'atteindrait pas déjà la limite assignée, soit enfin, et de préférence, aux nouveaux venus.

Il serait d'ailleurs procédé à des expertises officielles sous l'autorité du Conseil général pour établir la juste évaluation du prix des terres d'expropriation.

Au surplus, des expertises contradictoires

seraient faites parallèlement, d'autre part, dans chaque commune, sous l'autorité d'un Conseil communal qui serait élu exclusivement par la population agricole de cette commune et par la voie d'un suffrage proportionné qui accorderait à chaque électeur un nombre de voix proportionnel à la valeur de sa propriété, quoique dans une certaine limite assignée pour empêcher l'accaparement des voix par les gros propriétaires ; en cas de désaccord entre les parties adverses le Conseil d'État déciderait sans appel.

2 janvier 1907.

Le paysan aime d'autant mieux sa terre qu'il sait qu'elle a appartenu à ses ancêtres et qu'elle doit revenir à ses enfants.

LXXV

Solidarité agricole.

Supprimer la propriété individuelle, ainsi que le voudrait le collectivisme ce serait sans aucun doute détruire l'esprit d'économie chez le peuple, partant abaisser la fortune nationale. Mais sans faire cette suppression on pourrait atteindre à un but très analogue, peut-être même très supérieur, au double point de vue social et économique, en retirant tout simplement aux propriétaires du sol le droit de cultiver isolément leurs biens, hormis toutefois un jardin potager et un verger autour de leurs maisons. Toutes les terres d'une même commune seraient réunies et cultivées en grand sous les ordres d'un chef agricole compétent fourni par les écoles d'agriculture de l'État, véritable fonctionnaire qui serait soumis à une discipline de corps et chargé par conséquent d'appliquer des règlements généraux d'ordre social et économique. Ce fonctionnaire devrait être cependant nommé, ou tout au moins agréé par les propriétaires eux-mêmes, qui formeraient à cet effet un Conseil communal où ils auraient individuellement, dans une certaine limite assignée, un nombre de voix proportionnel à la valeur réelle de leur domaine respectif : une voix correspondrait, par exemple, à un arpent de valeur moyenne type.

Le Conseil aurait, en outre, pleins pouvoirs pour gérer les biens qui auraient été ainsi groupés ; les délibérations à cet égard seraient prises à la majorité des voix, et en cas de partage la voix du président serait prépondérante.

Le chef de culture serait chargé d'exécuter les projets qui auraient été édifiés par le Conseil ; il pourrait toutefois appliquer de sa propre autorité les règlements d'ordre général qui auraient été prescrits par l'État dans le but d'empêcher la routine de s'exercer dans les pays arriérés qui se refuseraient, je suppose, à profiter des inventions modernes de la mécanique agricole ou des découvertes de la chimie agricole.

Les paysans propriétaires pourraient être employés aux travaux de la culture communale et ils auraient un droit de préférence sur les ouvriers qui seraient étrangers à la commune ou qui n'y posséderaient pas de terres ; mais ce droit resterait limité pour chaque propriétaire au maximum de journées de travail qu'exigerait l'exploitation de son propre domaine s'il devait en faire l'entreprise isolément comme à présent. Au surplus, ce privilège pourrait toujours lui être retiré par le Conseil communal sur l'avis du chef agricole au cas où celui-ci ferait un rapport qui conclurait à son incompétence ou à son incapacité.

Quant aux bénéfices de l'exploitation, déduction faite de toutes les charges et de tous les amortissements estimés nécessaires par le Conseil, ils seraient répartis entre tous les propriétaires au prorata de la valeur respective attribuée à leur propriété. Or, ce serait là plutôt un exemple de solidarité que de communisme, puisque la propriété individuelle serait ainsi respectée et qu'elle pourrait même être aliénée, comme par le passé, par simple acte notarié.

Il y aurait lieu toutefois de redouter l'éventualité d'une moins-value de main-d'œuvre que ce régime pourrait occasionner et partant le gaspillage qui en résulterait.

Le plus souvent, en effet, l'homme travaille avec moins d'ardeur pour autrui que pour lui-même ; or, c'est vraisemblablement ce qui se produirait sous ce régime solidariste où le plus paresseux prétendrait toujours avoir droit au même salaire que le plus courageux ; aussi pensons-nous qu'une discipline très sévère pourrait seule établir l'ordre, la justice et la bonne économie dans une société qui serait ainsi constituée exclusivement par des ouvriers propriétaires.

Au surplus, quoique le rendement industriel moyen de l'ouvrier dans ce travail collectif puisse vraisemblablement rester inférieur à celui qui serait produit à conditions égales dans un travail indépendant, nous estimons néanmoins que l'exploitation collective apporterait une économie de nature à compenser bien au delà ce désavantage parce qu'elle serait faite en grand avec un outillage moderne et qu'en outre elle serait conduite avec une meilleure méthode de travail, comme aussi bien avec plus de science.

L'expérience de cette exploitation en commun nous semble en tout cas très aisée à faire ; nul doute même qu'elle ne s'impose très prochainement, en raison de la dépopulation des campagnes et de l'élévation du prix de la main-d'œuvre, ce qui rend l'exploitation en grand de plus en plus indispensable. Or, par suite de l'extrême division de la terre en France, l'exploitation en grand n'est possible, si l'on veut respecter le principe de la propriété individuelle, que si toutes les terres des particuliers sont exploitées indistinctement sous une direction générale unique, comme si elles étaient effectivement réunies en un même domaine qui appartiendrait à un seul individu ; c'est précisément ce que permet notre système qui, d'ailleurs, nous le répétons, appartient bien plus au solidarisme qu'au collectivisme communiste.

26 août 1907.

La misère sociale est un désordre qui ne devrait pas pouvoir se produire sans une cause extraordinaire dans une société bien équilibrée.

LXXVI

Sur la peine de mort.

Tuer qui a tué, c'est la seule justice qu'ad
mette la vengeance.

Si en rentrant chez moi je trouve ma femme
et mes enfants assassinés, ma haine pour l'assassin ne connaîtra aucune pitié ; ma raison
elle-même n'acceptera aucune circonstance at-
ténuante et tout mon organisme criera : « A
mort, l'assassin ! »

Or, ce cri de la vengeance est universel.

L'assassin ne saurait donc attendre de la pitié que de ceux qui ne sont pas atteints dans
leurs propres affections par son crime.

Assurément cette pitié est faite d'égoïsme en
ce cas, mais cet égoïsme est nécessaire en pareille occurrence, parce qu'il permet à la raison
de prononcer contre le criminel un jugement
sans parti pris de vengeance et partant dans
les meilleures dispositions d'équité possibles.
Il ne serait pas équitable, en effet, que la jus-

tice sociale s'exerçât par la vengeance, car la vengeance est toujours aveuglée par la haine et hors d'état par conséquent de juger en toute équité désirable, cependant que bien des crimes ont des causes profondes qui constituent parfois d'indubitables circonstances atténuantes ; c'est d'ailleurs pour cette raison que le législateur a universellement aboli le droit de se faire justice à soi-même.

Mais puisque la justice sociale s'exerce en dehors de tout esprit de vengeance et que dans ces conditions la peine de mort n'est plus le châtiment fatal réservé sans rémission possible au criminel, n'y a-t-il pas lieu dès lors de se demander si en conséquence il ne serait pas logiquement plus équitable encore d'abolir cette peine dans tous les cas. Nous abordons ainsi de front la question du maintien ou de l'abolition de la peine de mort.

Or, nous tiendrons pour principe fondamental que la justice humaine doit avoir, en tout premier lieu, le souci d'établir et de maintenir l'ordre social et en second lieu seulement celui de rechercher et de punir les individus qui troublent cet ordre.

Quelle que soit donc la cause qui arme la

main du criminel, la justice doit, en conséquence de ce principe, désarmer cette main avant tout souci de châtiment et empêcher qu'elle ne puisse s'armer à nouveau. Si même le châtiment n'était pas d'un exemple salutaire pour prévenir d'autres crimes il serait logique, dans ces conditions, que la justice humaine s'en remît entièrement à la justice suprême du soin de châtier elle-même le criminel après sa mort.

Mais, outre qu'en l'absence d'une preuve positive de la survie spirituelle il est logique que la vengeance exige le châtiment immédiat du criminel, il est indispensable que ce châtiment soit exercé à titre d'exemple pour prévenir d'autres crimes.

Si ce n'était donc qu'il faille, d'une part, donner une juste satisfaction à la vengeance et, d'autre part, faire exemple, il est bien certain que l'ordre social devrait rationnellement se contenter de mettre le criminel en état de ne plus récidiver et de le priver tout simplement à cet effet de sa liberté. Mais, pour les deux raisons précitées, la justice doit nécessairement châtier le coupable, et dès lors se pose, à propos de la peine de mort, la redoutable question de l'erreur judiciaire.

Dans l'hypothèse de la survie spirituelle, il est permis de croire que le châtiment suprême s'exerce après la mort en toute équité par le simple jeu naturel des forces astérielles (1) ; mais la justice humaine ne saurait présenter les mêmes garanties d'équité absolue dans tous les cas.

Or, c'est précisément de l'éventualité toujours possible d'une erreur judiciaire que se réclament les abolitionnistes pour demander la suppression de la peine de mort.

Mais, d'autre part, nous avons dit que le souci de l'ordre social impose nécessairement l'exemple du châtiment. Aussi, pour cette raison la peine de mort apparaît-elle aux partisans de son maintien comme le seul exemple capable d'enrayer efficacement le crime.

Ainsi les uns se réclament de l'équité pour demander l'abolition de la peine de mort, les autres, en sens contraire, se réclament de l'ordre social pour le maintien de cette peine.

Entre ces deux thèses opposées, il est naturellement difficile, *à priori*, de faire un choix judicieux, car le pour et le contre semblent

(1) Lire dans les *Voix de la Raison*, aux pages 275, 276 et 277, l'article intitulé « La Pluralité des mondes... ».

se balancer également dans les deux cas.

Il faut donc opter pour l'une ou pour l'autre de la manière qui paraîtra la plus judicieuse à la raison, sans même que rien puisse garantir l'équité absolue du choix que l'on fera ainsi.

Toutefois, en vertu de notre principe fondamental sus-énoncé. qui vise, par-dessus toute autre préoccupation, le respect de l'ordre social, nous croyons pouvoir opter en toute tranquillité de conscience pour le maintien de la peine de mort.

Au surplus, voulant écarter, dans toute la mesure que comportent les facultés humaines, le danger de l'erreur judiciaire, nous demandons que le chef suprême de l'État continue d'exercer sans aucune réserve le droit de grâce en toute liberté et en toute indépendance.

Le droit de grâce, s'il est expliqué sans aucun parti pris et en toute conscience, peut, en effet, suffire pratiquement à éliminer en grande partie tous les cas douteux.

Assurément ce droit n'est pas encore une garantie absolue contre l'erreur judiciaire, car les preuves les plus accablantes et les plus apparemment évidentes, par suite de circonstances fatales, d'intrigues criminelles habilement préparées, ou de trames savamment ourdies, peuvent toujours être accumulées sur la tête d'un innocent et amener sa perte ; mais nous estimons qu'en raison de la rareté de ces cas malheureux, ilvaut infiniment mieux encore courir les risques de sacrifier une innocente victime que de s'exposer à laisser périr chaque jour d'autres victimes tout autant innocentes sous le poignard des assassins, et en bien plus grand nombre.

L'homme n'a assurément ni une sagesse ni une clairvoyance absolues, et il est toujours susceptible, par conséquent. de se tromper dans. tous les actes de sa vie sociale ; mais, d'ailleurs, tant qu'à faire, n'est-il pas convenable, et juste même, que du moins son erreur profite aux honnêtes gens plutôt qu'aux criminels !

Au reste, l'ordre social ne peut être établi sans sacrifice, et nous devons tenir l'erreur judiciaire, même dans le cas extrême de la peine de mort, pour une fatalité dont il faut nécessairement accepter l'éventualité avec la résignation que commande l'esprit de pur sacrifice. Tous les jours ne devons-nous pas, en effet, sacrifier d'innocentes victimes à l'ordre social ? Le soldat qui meurt sur le champ de bataille, le gardien de la paix qui est tué dans une rixe,

et mille autre cas qui pourraient être emprun-
tés tous les jours à la vie civile sont autant
d'exemples innombrables du sacrifice que les
hommes sont tenus de faire à tout instant pour
assurer le maintien de l'ordre social : aussi
le couperet qui tranche, par extraordinaire,
le cou d'un innocent ne fait-il, en réalité, qu'a-
jouter une victime de plus aux précédentes et
encore, peut-on dire, une très rare victime.

Dans ces conditions, il nous semble donc que
le droit de grâce accordé au chef de l'État à
l'égard des condamnés à mort est une mesure
qui doit suffire à la conscience humaine pour
apaiser tous ses scrupules sur le sujet de l'erreur judiciaire, étant donné, d'autre part, la
nécessité impérieuse où elle se trouve d'accorder à la société le droit d'user du seul
moyen vraiment radical de défense qui existe
contre les attentats criminels : la peine de mort.

Il est logique, enfin, que nous ne deman-
dions à la justice humaine que la plus grande
équité possible, non pas l'équité absolue, qui
est en dehors de ses aptitudes naturelles, du
fait précisément de notre imperfection spécifique et partant de notre faillibilité.

11 décembre 1908.

LXXVII

Dieu et la loi d'harmonie universelle.

En fin de compte, et quoi qu'on dise, et quoi qu'on fasse, ce sera toujours la loi d'harmonie universelle, c'est-à-dire la loi de pure beauté, qui réglera seule la justice du monde et restera l'argument dernier de toute raison et de toute logique.

Or, c'est seulement dans cette acception qu'il faut entendre, à l'égard de la société humaine, la loi dite *du plus fort*, parce que cette loi ne peut réellement triompher dans le temps que par le jeu des forces physiques et morales qui règlent l'harmonie de sociabilité et qui ressortissent exclusivement à la grande loi d'harmonie universelle.

Mais l'idée d'harmonie de sociabilité n'implique pas l'idée d'égalité ; elle implique simplement celle de rapport nécessaire entre les forces sociales en présence, et c'est dans ce sens seul qu'il convient de régler les conflits existant entre les hommes dans la société qu'ils forment, c'est-à-dire par une harmonie de condition, non point par une égalité de condition.

Or, c'est seulement cette harmonie de condition qui pourra, d'une manière générale, régler le conflit existant entre les castes sociales multiples qui partagent et partageront éternellement la société, l'égalité n'étant pas une loi de nature.

Au reste, il faut bien convenir que la liberté est plus désirable aux hommes que l'égalité parce que celle-ci est rendue impossible par l'inégalité des caractères, de l'intelligence, de l'ambition, des désirs, etc. La liberté, au contraire, peut assurer, à tous les hommes indistinctement, leur libre évolution naturelle dans le sens de leurs aspirations propres et sous la seule obligation d'une universelle solidarité, laquelle est d'ailleurs réglée elle-même exclusivement par la loi fondamentale d'harmonie, puisque les liens de solidarité ne sont en réalité que de simples rapports d'harmonie, non pas d'égalité.

S'il me fallait manger à la même écuelle avec le premier venu, j'aimerais mieux briser cette écuelle et manger avec mon chien. Je n'entends pas, en effet, que l'on me force à aimer tous les hommes et encore moins que l'on me force à leur promiscuité ; j'entends seulement que je doive respecter leur liberté et qu'ils doivent respecter la mienne. Or, sous cette seule condition, ils peuvent se voiler la face à mes yeux et me cacher même leur nom : il me suffit de pouvoir librement respirer les parfums de la terre, comme aussi bien de pouvoir librement m'enivrer aux doux et mystérieux parfums de l'âme.

Pourtant je songe aussi que parfois les plus pures joies du cœur sont mêlées de larmes et je comprends alors que, devant cette loi de pure beauté qui peut faire ainsi sourire dans les larmes, le poète, cristallisant sa pensée et son idéal, puisse tomber à genoux et d'instinct croire et adorer.

Et je comprends aussi que les peuples enfants, dans leur innocente naïveté, et sans même qu'ils aient pu s'en défendre, aient objectivé et adoré cette même Force d'harmonie, source sacrée de toute beauté, de toute justice, et que ce soit elle qu'ils aient en réalité servie dans ce qu'ils appelaient Dieu.

Or, en raison de cela, j'éprouve assurément

une très grande indulgence pour tous ceux qui
prient en toute foi et en toute conscience et pour
qui la prière ne traduit par conséquent pas un
simple désir égoïste de félicités célestes, mais
est simplement un point d'appui moral qui leur
permet d'atteindre, par la pratique de la vertu,
à l'idéal de pure bonté.

Enfin, je comprends que les très humbles se
reposent mieux à écouter les douces voix du
cœur et de l'âme que les dures voix de la pure
raison ; aussi je songe que pratiquement il
suffit au bonheur de l'homme sur la terre
que la même lumière sacrée, la pure lumière
de la foi, éclaire sa destinée, de quelque étoile
qu'elle tombe et de quelque nom que l'on
nomme cette étoile

2 mai 1907.

Avant de rejeter un préjugé qui a reçu la consécration
du temps. il convient toujours d'en dégager la trame
sur laquelle la tradition et partant la légende l'ont tressé,
car très souvent on découvrira ainsi une pure vérité
morale.

LXXVIII

De la révélation.

Si un cataclysme géologique venait à boule-
verser la terre entière de fond en comble, au
point de n'épargner que quelques rares vies
humaines, il faudrait sans aucun doute des milliers d'années d'abord pour reformer la société, et ensuite pour relever la civilisation à son
niveau actuel.

Toute l'industrie, toute la science, tous les
arts, en effet, seraient entièrement à refaire, car
les quelques rares survivants n'en sauraient retenir la généralité des lois ; ils ignoreraient
d'ailleurs très probablement en grande partie
ces lois, fussent-ils des savants de la plus haute
érudition, tant elles sont innombrables dans
tous les genres et inaccessibles par conséquent
à un même cerveau.

Il s'ensuivrait donc fatalement un état de
barbarie qui subsisterait tout au moins dans
les premiers âges de l'ère géologique nouvelle.

Cependant il est vraisemblable d'admettre que toute la science ne serait pas perdue ou que tout au moins l'intuition de ses principes essentiels serait transmise de génération en génération par un véritable atavisme qui développerait chez les individus une sorte de divination spéciale et appropriée qui peu à peu leur révélerait à nouveau ces mêmes principes. Ceux-ci seraient par conséquent tenus pour des vérités transcendantes d'invention surhumaine, et dès lors la croyance que ces vérités auraient été révélées aux premiers hommes de cette ère nouvelle finirait naturellement par s'établir, surtout si elle était proclamée par la légende ou par des religions naissantes à la recherche d'un dogme.

Aussi est-il permis de supposer par analogie que la Révélation a pu être elle-même la suprême lueur d'une antique civilisation qui aurait eu un développement intellectuel si supérieur au nôtre qu'elle aurait été en état de saisir parfaitement la vérité absolue et partant d'atteindre à la notion exacte de la Force morale universelle.

Toutefois est-il sans doute à la fois plus simple et plus vraisemblable d'admettre que la

Force morale universelle a de tout temps accroché les mêmes aspirations morales à l'âme humaine et que celle-ci n'a fait qu'objectiver cette Force elle-même à son image, l'appelant Dieu et faisant ainsi de ce Dieu le roi des rois de la Bible.

En réalité, ce n'est donc pas que la raison se refuse nécessairement à admettre une origine révélée à la vérité morale, mais elle entend que cette révélation ressortisse simplement à la seule conscience humaine, invoquant, à l'appui de cette assertion, qu'il est dans les fonctions essentielles et exclusives de la conscience humaine de puiser dans l'absolu les principes directeurs qui ont pour effet de maintenir notre équilibre moral sur la terre.

Au surplus, la raison nous enseigne également que puisque la Révélation s'exerce à tout instant par le jeu de la conscience, il est à supposer que si le cataclysme dont nous avons parlé plus haut se produisait, les mêmes voix surnaturelles se feraient encore entendre de la même manière aux générations suivantes pour leur enseigner la pure vérité morale, c'est-à-dire la foi dans la volonté suprême de bonté et de beauté qui règne sur l'univers tout entier, réglant son évolution générale et commandant ainsi à la fois aux hommes et aux choses.

17 février 1909.

La vérité est une lumière à multiples radiations que l'œil inexpérimenté ne perçoit que très incomplétement et très inégalement ; c'est pourquoi ce qui semble vrai aujourd'hui peut ne plus le paraître demain au même esprit ; c'est pourquoi aussi ce qui semble vrai à certains esprits peut ne pas le paraître nécessairement à d'autres.

LXXIX

Du rite religieux.

Ce qu'il faut réprouver dans les religions
dogmatiques, ce n'est pas précisément leur
morale fondamentale, qui a sa beauté dans
tous les cas, mais bien plutôt les moyens
qu'elles emploient pour l'enseigner.

Elles s'obstinent toutes, en effet, à perpétuer un rite traditionnel, sans se rendre compte
que dans la pensée même de leurs fondateurs
ce rite a été, non pas une fin morale, mais
simplement un moyen d'enseignement et qu'il
pouvait par conséquent sans aucun danger
pour la morale essentielle évoluer avec le temps,
c'est-à-dire se plier au progrès incessant des
idées et de la science.

Mais les religions agissent en cela comme le
paysan routinier qui s'obstine encore de nos
jours à battre son blé au fléau sous le seul
prétexte qu'il tient cette pratique de ses ancêtres, c'est-à-dire par simple esprit de tradition.

Et pourtant que peut donc demander ce paysan, si ce n'est simplement que son blé soit battu ?

Ne doit-il pas même accepter toujours avec empressement toute novation qui diminue sa peine, si elle lui permet cependant d'atteindre au même résultat final ?

Or, de la même manière le rite religieux n'est qu'un moyen, non pas une fin ; en aucun cas il ne saurait par conséquent avoir la prétention de pouvoir sans changement aucun perpétuer la morale qu'il enseigne. D'ailleurs le rite est essentiellement variable d'une religion à une autre, tandis que pour toutes la fin morale est à peu près la même, consistant dans la pratique du beau et du bien, et c'est précisément pourquoi cette fin seule présente un intérêt véritable.

Malheureusement, bien que la même vérité philosophique soit implicitement à la base de presque toutes les religions dogmatiques, le secret de cette vérité fondamentale que connurent sans aucun doute les premiers Pères de l'Église, et qui fit précisément leur force, fut perdu peu à peu par suite de l'ignorance routinière ou du fanatisme religieux des prêtres.

Ceux-ci ressemblent donc tout simplement à notre paysan de tout à l'heure qui s'obstine, envers et contre toute raison, malgré même son intérêt évident, et par esprit de tradition, à ne point vouloir changer son fléau contre un outil plus moderne.

Cependant, sous la poussée inévitable qui résultera de l'évolution naturelle des esprits, la sagesse philosophique viendra sûrement à bout quand même de la routine religieuse. Dégagée de la légende mystique, la pure vérité morale pourra, dès lors, être montrée sans voile aux hommes de raison et partant leur être enseignée d'une manière toute rationnelle qui assurera ainsi son crédit et constituera précisément le rite nouveau de la religion future.

13 janvier 1909.

De même que, pour vivre, l'orchidée doit emprunter son suc à l'arbre qui lui sert de tuteur, de même le sentiment doit emprunter son crédit à la raison pour n'être pas vain.

LXXX

Des félicités terrestres.

Le rapport de subordination qui, suivant la
loi d'universelle harmonie, doit exister entre
nos actes physiques et nos actes moraux, pour
que soit maintenu notre état de bien-être à
la fois physique et moral, oblige nécessairement le corps à suivre une évolution en
quelque sorte parallèle à celle qui entraîne
l'âme vers la béatitude absolue.

Or, cette obligation, qui exclut ainsi toute
mortification vaine de la chair, constitue une
règle fondamentale de la morale rationnelle.

Sans conduire toutefois aux félicités matérielles absolues, puisqu'elle assujettit l'ordre
physique à l'ordre moral, cette règle est, du
moins, nous le répétons, exclusive de tout
préjugé ou de toute vaine mortification, c'est-
à-dire de toute contrainte qui ne serait pas
réclamée par l'ordre universel lui-même.

Il est incontestable d'ailleurs que les félicités

matérielles qui ne constituent aucun abus entretiennent la santé de l'âme autant que celle du corps : il plaît, en effet, à l'âme autant qu'aux sens qu'un parfum doux et suave émane d'une fleur également douce et belle.

Mais si, en conséquence, l'abandon total aux seules félicités matérielles doit conduire fatalement au désordre moral, c'est-à-dire au vice, il n'en est que plus indispensable de créer une institution morale qui ait pour attribution précisément de diriger l'homme dans la vie matérielle en étant en quelque sorte la dispensatrice éclairée et consciente de ses félicités matérielles.

9 décembre 1907.

Puisqu'il y a deux consciences, la conscience physique ou instinct physique, et la conscience morale ou conscience proprement dite, il doit logiquement y avoir deux codes, le code civil et le code moral, et parallèlement aussi deux pouvoirs, le pouvoir temporel et le pouvoir spirituel.

Or, de même que les deux consciences s'harmonisent naturellement dans l'action, de même aussi ces deux pouvoirs doivent aller de pair ; autrement l'organisme social souffrirait d'un désordre certain qui l'entraînerait fatalement dans la décadence physique ou morale.

LXXXI

Beati pauperes...

« Heureux les pauvres d'esprit, le royaume des cieux leur appartient ! »

Il faut interpréter ainsi ces paroles du Christ : « Heureux les simples, ils ont la foi. »

Or, un philosophe seul a pu exprimer cette pensée, car elle est une plainte de la raison impuissante. Le Christ a donc connu la vérité philosophique et s'il l'a voilée aux simples, s'il les a trompés sur sa conviction propre et sur sa croyance réelle, c'est par amour pour eux; c'est pour empêcher le doute qui l'obsédait lui-même d'envahir leur esprit, d'empoisonner leur cœur. Sa raison émue s'est révoltée contre le doute : impuissant à le chasser de son esprit, il a voulu empêcher du moins qu'il en sortît, et c'est pour cela que, par ordre de sa conscience, sa parole a dénaturé sa pensée. Mais cette parole du Christ, le cœur le devine bien, fut mêlée de sanglots, et sans doute le doux poëte de l'amour a éteint son dernier regard sur cette sublime charité de sa raison. L'illusion du bonheur vaut mieux, en effet, que le bonheur lui-même, et la souffrance est légère lorsqu'elle a pour prix l'illusion qui donne l'espérance et la foi.

C'est aux humbles que Jésus a jeté cette sublime parole : « Heureux ceux qui croient ! » et c'est pour eux seuls qu'il a fait sa religion.

Cette religion ne pouvait donc satisfaire pleinement la raison, et ce fut précisément la grande faute de l'Eglise chrétienne d'avoir voulu lui en imposer, sans réserve et avec une intransigeance absolue, non seulement la doctrine, mais aussi le rite. Elle n'eût jamais dû, au contraire, quitter le caractère de simplicité que lui avait légué son fondateur ; elle eût dû, tout au contraire, n'user de sa puissance que pour apaiser les souffrances du cœur, et non pas pour régner par la force sur la raison.

A ce jeu elle devait fatalement succomber, et c'est par sa faute, par sa très grande faute, que sa ruine est aujourd'hui accomplie. La raison a fini, en effet, par conquérir totalement

le monde. Mais si les hommes ont perdu la foi
antique, ils ont cependant acquis, en revanche,
le courage de regarder la vérité en face et de la
braver même dans toute l'horreur où elle apparaît à quelques-uns. Certes, ils regrettent les félicités perdues que leur avait promises la doctrine chrétienne, mais ils ne souffrent pas de
la perte d'un bien qu'ils croient illusoire.

Au reste Dieu ne leur est-il pas apparu déjà
maintenant dans sa pure forme? Quelque incertitude qui règne encore pour eux à l'égard de
la destinée de l'âme humaine, ils savent donc
du moins qu'ils ne sont plus isolés durant leur
séjour sur la terre. Sans comprendre encore le
plan que poursuit la nature, sans savoir d'où
ils viennent ni où ils vont, sans saisir la raison
d'être d'eux-mêmes, ils sentent cependant que
règne sur eux une force consciente et que c'est
cette force seule qui règle la marche et l'harmonie de l'univers tout entier ; ils voient, en
outre, que cette force consciente veut le bien
universel, et que c'est elle précisément qui les
pousse à le faire ; cette force, c'est elle qu'ils
appellent Dieu.

Reconnaissant ainsi la toute-puissance de
cette Force, ainsi que son caractère absolu

de pure bonté, les hommes ne veulent pas admettre, ils ne peuvent pas admettre, qu'elle puisse n'être en réalité que la plus vaine en même temps que la plus affreuse, la plus cruelle, la plus impitoyable de toutes celles qu'il soit possible au génie du mal d'exercer contre les êtres conscients, contre ces êtres supérieurs qu'elle a formés elle-même de toutes pièces, et dont l'existence semble être, au surplus, sa seule raison d'être; ils ne peuvent admettre enfin qu'elle puisse créer dans la douleur des êtres conscients pour uniquement leur dévoiler leur triste destinée individuelle, ne leur montrer ses trésors, ne leur faire goûter à ses félicités que pour aviver, comme à plaisir, leurs regrets de la vie terrestre.

Non ! tant de cruauté ne peut être imputée justement à la Force consciente qui règle l'universelle harmonie du monde, à cette source sacrée du beau et du bien qui coule sur l'univers tout entier, qui règle en nous notre conscience, comme notre cœur et notre âme.

Non ! cela ne peut pas être et cela n'est pas !

Déjà la science n'entrevoit-elle pas le domaine du vrai Dieu ? Demain, sans doute, sa lumière atteindra la céleste demeure et, dès lors, l'homme saura si, du moins, cette demeure est la sienne ou si c'est au néant absolu que doit en définitive aboutir, pour la plus stupide et la plus inconséquente des destinées, tout l'effort énorme, toute l'activité colossale du monde conscient. Mais entre temps les voix de la conscience nous disent impérieusement que tant d'inconséquence ne peut pas être dans le plan de la nature consciente ; elles nous enseignent par cela même la foi en la sagesse universelle, et cette foi est la plus forte que l'homme puisse avoir, car elle lui est inspirée par la raison et par le bon sens.

Qui donc a pu prétendre, en effet, que la raison humaine voulait mourir ?

Peuple, méfie-toi de ces prévaricateurs de la foi rationnelle, de ces apôtres du néant ; ils sont lâches pour la plupart, et leurs bravades ne sont pas autre chose qu'une angoisse de leur âme : ils crient, ils gesticulent, parce qu'ils ont peur ; impuissants à saisir la vérité, ayant trop de vanité pour reconnaître leur impuissance et leur aveuglement, ils rejettent même le doute, et parce qu'ils ne voient pas et qu'ils ont trop d'orgueil pour s'avouer aveugles, ils s'écrient : « Néant ! »

Peuple, ferme le livre de ces égarés et n'é-
coute que les voix de ta conscience, ne suis que
les chemins qu'elle te trace sur la terre et garde
pleine confiance dans ta destinée; crois en
Dieu, crois en toi.

1er janvier 1909.

La vérité doit presque toujours recourir à l'illusion
pour pouvoir régner sur le monde des profanes et
triompher de l'erreur. Or, de tout temps la sagesse
philosophique a compris cette nécessité et c'est précisément pour pouvoir enseigner la pure vérité morale
qu'elle a présenté celle-ci sous la forme religieuse; mais
c'est pourquoi, en revanche, le rite religieux n'est qu'un
moyen, non pas une fin, et qu'il n'a par conséquent
aucune raison de prétendre à l'immutabilité dans sa
forme.

LXXXII

La philosophie tient le sceptre du monde.

L'indifférence devant l'offense ne s'explique
généralement que par l'absence complète de
dignité chez celui qui est offensé ou par l'ignorance où ce dernier tient volontairement celui
qui l'a offensé ; or, qui peut ignorer ainsi son
ennemi est digne de régner sur les hommes.

Mais une semblable ignorance de volonté
ne saurait s'exercer naturellement que chez
un homme qui est absolument détaché par
l'esprit du milieu social, car seule l'abstraction
philosophique peut mettre l'homme en cet
état de sagesse extra-sociale.

C'est donc dans cet état que devrait être
précisément tout homme qui a charge d'âme
sur les autres hommes, qu'il soit prêtre ou
homme d'État, et d'autant plus que le corps
social sur lequel doit s'exercer son action
morale est plus amorphe, c'est-à-dire plus
inapte à se diriger lui-même.

Pourtant les monastères d'autrefois, en écartant le moine de la vie sociale, le dispensaient d'avoir d'instinct cette sagesse : ils le tenaient ainsi, en effet, pratiquement à l'abri de l'offense et de la calomnie, puisque celles-ci ne pouvaient jamais l'atteindre dans sa retraite et que d'ailleurs son individualité était fondue, en quelque sorte, avec le corps monastériel tout entier.

C'est sans doute la raison, d'ailleurs, pour laquelle les premiers Pères de l'Église ont pu s'assurer toujours assez d'ascendant sur les peuples et même sur les rois pour commander à la fois aux uns et aux autres, et ce n'est vraisemblablement qu'après qu'ils eurent pris contact avec la vie sociale qu'ils commencèrent à perdre cet ascendant.

Mais c'est sans doute aussi parce qu'ils avaient déjà perdu la vérité philosophique qu'ils commirent la faute de rentrer dans la vie sociale.

Seul le hasard a donc pu ensuite remettre au pouvoir la sagesse philosophique sous les monarchies héréditaires ; mais comme le hasard n'a pu s'exercer continuellement dans le même sens favorable ou défavorable il s'en est suivi que

les peuples ont subi naturellement des pério-
des alternatives de progrès sociaux et de déca-
dences, selon que leurs rois ou leurs empereurs
avaient ou n'avaient pas cette sagesse, tout au
moins selon qu'ils étaient ou n'étaient pas
guidés par des conseillers qui la possédaient
et en qui ils se remettaient entièrement du
soin absolu de gérer les affaires de l'État.

Puissent donc les peuples modernes comprendre cette vérité fondamentale et cesser de
confier leur destinée au hasard d'une naissance royale ou d'un suffrage inconscient. Ils
ont sur les peuples anciens la ressource de
comprendre cette vérité et partant d'aller sans
détour à elle. S'ils s'obstinent à la méconnaître, et en l'absence de toute polarisation
sociale qui leur permette de se diriger eux-
mêmes, ils iront à rebours de leur destinée
naturelle et leurs souffrances physiques et
morales seront d'autant plus grandes qu'ils
auront alors pour maîtres presque sûrement
l'autoritarisme ou le sectarisme qui amène-
ront fatalement leur ruine sociale.

Peuple, rappelle-toi cette parole de l'un des
plus grands rois de l'antiquité : « Si je n'étais
pas Alexandre, je voudrais être Diogène ». Or,

ce roi fut un philosophe, et c'est le grand Aristote qui dirigea son éducation.

On prétend bien, il est vrai, que Frédéric le Grand aurait dit, au contraire, que pour punir un peuple il suffirait de le faire gouverner par un philosophe ; mais ce ne fut là certainement qu'une boutade légère, un bon mot pour rire, car Frédéric le Grand fut lui-même un philosophe, au reste, grand admirateur et ami de Voltaire.

22 juillet 1908.

Pour s'extérioriser moralement de la vie sociale, il faut se tenir dans cet état d'esprit de ne faire pas plus de cas des offenses des hommes que de leurs adulations, au point même de paraître dépourvu absolument d'amour propre ou de dignité.

LXXXIII

De la gratuité du principe de l'unité de substance (1).

Les monistes invoquent généralement le principe du moindre effort pour expliquer leur prédilection pour l'hypothèse de l'unité de substance, faisant ce raisonnement faux et absurde que puisqu'il serait plus simple de créer une substance unique que d'en créer deux, l'hypothèse de la substance unique s'accorde nécessairement mieux avec le principe précité que l'hypothèse de la pluralité des substances essentielles.

Mais ils oublient que le principe du moindre effort ne saurait être justement invoqué à ce propos, précisément parce que les substances essentielles sont incréées et que dans ces conditions elles n'ont coûté, ni à la nature qui leur

(1) Lire dans *Les Voix de la raison* l'article intitulé : « La Pluralité des mondes et l'évolution de l'âme ».

pourrait être extérieure, ni à elles-mêmes, d'ailleurs, aucun effort de gestation.

Elles existent, autrement dit, sans que rien dans l'univers ait souffert ou peiné pour qu'elles soient : quelles que puissent être ces substances, et leur nombre fût-il infini, l'effort qu'elles ont coûté est nul dans tous les cas. Le principe de l'unité de substance est donc absolument gratuit, puisqu'il ne saurait invoquer justement aucun argument scientifique pour sa défense ; il est d'ailleurs irrationnel, car si la raison est fondée à poser en axiome que le plus court chemin d'un point à un autre est la ligne droite, elle ne l'est nullement à admettre le principe de l'unité de substance plutôt que celui de la pluralité des substances, et l'on peut par conséquent dire que la prédilection qu'ont les monistes pour leur principe relève simplement de la mode ou de la politique, non pas de la raison scientifique.

Or, nous l'avons déjà dit, le matérialisme des temps modernes est né des luttes religieuses et ses excès ne sont que la contre-partie des excès du parti adverse. Mais ce matérialisme disparaîtra en même temps que son antagoniste, l'ancien spiritualisme, ou plutôt tous deux se rapprocheront l'un de l'autre et s'unifieront, en définitive, dans une foi rationnelle dont les principes formeront précisément les fondements de la religion nouvelle.

2 avril 1908.

Les matérialistes se font le plus souvent une vanité de rechercher la gloire bien plus pour immortaliser leur nom que pour consacrer leur pensée elle-même ; or, leur présomption à cet égard est si forte qu'ils semblent persuadés qu'ils seront encore, dans plusieurs milliers d'années, un sujet d'orgueil pour leur descendance, comme s'ils n'avaient pas conscience de l'indifférence où les laissent déjà eux-mêmes les hauts faits de leurs propres ancêtres du temps seulement des Mérovingiens.

LXXXIV

Du crédit que la raison scientifique accorde à l'hypothèse de la pluralité des mondes.

Le principe de l'unité de substance implique comme conséquence logique la dépendance absolue les unes des autres de toutes les lois qui régissent le monde phénoménal, soit que cette dépendance soit directe si les lois dérivent les unes des autres par filiation, soit qu'elle s'effectue par l'intermédiaire d'une sorte de résultante universelle dont toutes les lois ordinaires ne seraient respectivement que des composantes dérivées n'ayant ainsi entre elles qu'une dépendance d'origine sans filiation de l'une à l'autre, soit que les deux cas précédents se produisent à la fois.

Or, dans ces conditions, les êtres conscients n'auraient aucune indépendance ni physique ni spirituelle. Ils seraient entièrement passifs, c'est-à-dire que la vie seule les mènerait d'une manière absolue : de multiples pôles provoqueraient leur activité physique ou morale ; mais aucun de ces pôles n'appartiendrait en propre à ce que nous appelons le moi individuel, lequel n'aurait par conséquent aucune indépendance ni aucun libre arbitre relatif ou absolu.

Le principe de la pluralité des mondes implique, au contraire du précédent, l'existence éventuelle d'un nombre infini de substances essentielles ou volontés évolutrices qui seraient toutes constituantes, séparément, ou en combinaison les unes avec les autres, d'autant de mondes simples ou composés : tous ces mondes, au surplus, coexisteraient dans l'espace infini qu'ils empliraient individuellement, comme s'ils n'existaient pas l'un pour l'autre ; en sorte que le monde matériel ne serait qu'un élément simple du Grand Tout universel (1).

En ce qui concerne le monde mixte formé

(1) Tous ces mondes, en nombre infini, empliraient ainsi en totalité, chacun pour son propre compte, l'espace infini, mais sans qu'il y eût cependant à proprement parler superposition réelle de l'un sur l'autre : ils coexisteraient dans le même espace en se pénétrant totalement comme s'il y avait substitution complète de l'un à l'autre, ou encore comme s'ils avaient l'un pour l'autre une subtilité infinie, c'est-à-dire égale à celle du néant.

par l'éther et par l'aster, les êtres conscients qu'il engendre, les hommes notamment, ressortiraient ainsi à la fois, d'une part aux lois physiques du monde éthériel ou matériel, d'autre part aux lois morales du monde astériel ou spirituel, lesquelles lois agiraient sur ces êtres par ce que nous nommons la conscience physique ou instinct physique dans le premier cas, et la conscience morale ou conscience proprement dite dans le second cas. Et ainsi, grâce à sa conscience morale, l'homme se libérerait partiellement des lois physiques et ne serait plus par conséquent le jouet exclusif des forces matérielles : il pourrait faire obstacle à ces forces en prenant résistance sur le monde astériel, et c'est précisément ce qui, dans le tourbillon éthériel, distinguerait son individualité psychique propre de l'universalité des êtres phénoménaux simples qui n'y ont qu'une vie passive.

Il serait erroné, toutefois, d'en conclure que l'être spirituel pourrait se libérer entièrement des lois physiques ; nous avons montré, en effet, par ailleurs, qu'il existe toujours, au contraire, un rapport constant de subordination entre la conscience morale et la conscience physique dans leur action sur l'homme et que ce rapport est défini par la grande loi générale d'harmonie universelle qui est aussi la loi du beau : tout acte qui fausse ce rapport est par conséquent un acte inharmonique qui trouble l'équilibre physique ou moral de l'individu, et c'est pourquoi le mystique qui mortifie son corps est tout aussi coupable envers cette loi d'harmonie qu'en sens contraire l'est également envers elle le matérialiste qui vit sans idéal et sans scrupule de conscience, c'est-à-dire d'une vie purement animale.

Quoi qu'il en soit, au contraire de l'hypothèse de la substance unique, l'hypothèse de la pluralité des mondes apporte à l'homme la plus grande consolation qu'il puisse avoir sur la terre, en ce sens qu'elle fortifie sa foi dans la survie spirituelle.

Que l'on ne nous objecte pas cependant que ce ne sont là que vaines hypothèses.

C'est l'hypothèse, en effet, qui conduit universellement le progrès scientifique à l'égard de l'absolu, car il n'y a rien que des hypothèses dans la science, hormis les lois de purs rapports. Le seul fait qu'une hypothèse est vraisemblable, et partant qu'aucune de ses conséquences n'entre en désaccord avec les faits scientifiques, pourrait déjà suffire par conséquent à l'accréditer, sous l'unique réserve qui s'attache naturellement à toute hypothèse.

Or, il est incontestable que l'hypothèse matérialiste, aussi bien d'ailleurs que celle de l'ancien spiritualisme, est dépourvue de tout caractère scientifique, du fait qu'elle ne découle d'aucun principe essentiel; elle consiste même uniquement dans son simple énoncé, sans qu'aucune raison positive l'explique ou la justifie : le matérialisme affirme gratuitement, tout au plus sur une simple apparence, que l'homme spirituel meurt en même temps que l'homme matériel, tandis que, sans plus de preuves, le spiritualisme religieux proclame purement et simplement le contraire.

Il est d'ailleurs probable que les partisans de ces deux doctrines antagonistes eussent tout aussi bien pratiqué par interversion et avec une égale ferveur la doctrine qu'ils réprouvent si, dès l'origine, les préceptes de cette doctrine leur eussent été enseignés, car leur foi étant hors raison ne saurait être qu'habitude. Or, on peut toujours habituer un cerveau qui échappe à la raison, ou tout au moins au bon sens naturel, à toute croyance, quelle qu'elle soit, comme aussi bien à toute passion. Il est certain, d'autre part, que beaucoup de cerveaux, voire même de cerveaux savants, ne sont que des organes réflecteurs sur lesquels on a tout simplement gravé comme au burin des faits acquis ; aussi ces cerveaux peuvent-ils être si près de l'animalité qu'il leur soit impossible d'entrevoir comme un fait possible la survie spirituelle sous quelque hypothèse qu'elle leur soit présentée.

Il nous semble indéniable cependant que, dans notre hypothèse, la conception du passage de la vie matérielle à la vie spirituelle par le jeu des forces astérielles soit incomparablement plus aisée à l'esprit que ne l'est, dans l'hypothèse matérialiste, celle du passage de la matière brute amorphe à la forme consciente par le seul jeu des forces matérielles ; il semble même impossible que, de bonne foi, c'est-à-dire sans idées préconçues ni parti pris haineux, l'on puisse critiquer avec apparence de raison cette argumentation de pur bon sens.

Au reste, la raison humaine, pour peu qu'elle soit scientifique, peut déjà comprendre sans trop d'effort notre hypothèse générale de la pluralité des mondes essentiels ; elle n'en peut donc avoir que plus de facilités pour saisir l'hypothèse astérielle qui n'envisage que l'existence dans l'univers absolu des deux seules volontés essentielles, l'éther et l'aster. D'ailleurs l'unique difficulté que puisse avoir un profane à saisir cette conception porte sur le fait de l'indépendance absolue des deux substances essentielles parce qu'il ne comprend pas aisément que ces deux substances puissent coexister dans un même espace, tout comme si elles n'existaient pas l'une pour l'autre, et y former par conséquent deux mondes distincts dont les individualités phénoménales simples ne puissent ni se voir ni se sentir ni même s'influencer mutuellement (1).

Mais que les plus sceptiques jettent donc, du moins, le regard alternativement sur la forme inerte et sur la forme consciente et je doute, s'ils essaient d'établir un rapport d'ordre exclusivement matériel entre ces deux formes, qu'ils y parviennent jamais d'une manière absolue ;

______

(1) Ainsi qu'il est exposé dans la *Genèse du Monde*, cette influence ne peut s'exercer que par l'intermédiaire des organismes mixtes, grâce à l'activité appropriée à cet effet de leurs centres nerveux qui agissent comme transformateurs d'énergie et permettent ainsi à l'énergie éthérielle, après son passage dans le cerveau, de rouler sur le monde astériel ou inversement.

ou, s'ils le prétendent, que ce ne soit sans mentir sciemment à leur bonne foi !

Non, ce n'est pas une petite affaire, en effet, que l'homme et, certes, le seul fait de son existence corporelle pourrait suffire à accréditer toutes les hypothèses, quelles qu'elles soient, sur la survie spirituelle, tant, dans sa forme tangible, l'homme est déjà, tel quel, un effrayant mystère pour la raison. C'est au point même qu'il nous faut parfois faire un effort immense pour admettre la réalité positive de notre propre existence matérielle sans nous croire le jouet d'un rêve, et encore n'arrivons-nous pas toujours à nous convaincre parfaitement de cette réalité.

Cependant j'accorde que, quelque hypothèse que nous fassions et quelque croyance que nous professions à l'égard des choses de l'au-delà, nous devons nous maintenir à tout instant, ici-bas, dans l'état de parfait équilibre avec les forces de l'ambiance immédiate à laquelle nous appartenons, si nous voulons demeurer à tout instant dans l'état de bien-être à la fois physique et moral. Or, cette obligation implique avant tout le respect des lois dites positives, et il n'est par conséquent pas d'hypothèse qui puisse être à la fois sage et rationnelle si elle n'aboutit pas, aussi bien auprès de l'ordre physique que de l'ordre moral, à un véritable positivisme (1) dans toutes ses conséquences pratiques, physiques ou morales.

31 décembre 1908.

Quoi que la vanité puisse faire pour l'en dissuader, il n'est pas un matérialiste, s'il est un vrai penseur, qui ne nourrisse secrètement au plus profond de son âme un pur mysticisme auquel s'alimente précisément sa flamme d'amour et de justice.

(1) Lire l'article : « Du positivisme transcendant ».

LXXXV

Du gaspillage phénoménal qu'entraîne l'évolution générale.

Par son principe actif, éternel, incréé, parfaitement défini et orienté dans sa manière d'être, immuable dans cette manière d'être, la volonté évolutrice éther a seule formé l'universalité des phénomènes du monde matériel ainsi que l'ensemble de leurs caractères physiques à tout instant.

Il s'ensuit que ce n'est pas le phénomène qui influe sur le sens général de l'évolution, mais que c'est au contraire l'évolution qui mène seule la vie phénoménale et s'exerce par conséquent en quelque sorte dans un sens préétabli quant à la forme future, quelle qu'elle soit, du phénomène.

Si donc l'évolution, qui n'est ainsi, peut-on dire, qu'une simple impulsion parfaitement ordonnée et orientée du principe énergétique de la substance éthérielle, et dont l'effet est par conséquent de déterminer une succession illimitée d'enroulements et de déroulements phénoménaux suivant notre loi fondamentale de la périodicité de l'évolution (1), a besoin de tels ou tels individus pour son exercice, elle les créera elle-même expressément à ce dessein et si ces individus, qui lui serviront ainsi d'organes, ont une existence fragile elle les multipliera de manière à remédier à cette fragilité par le nombre, afin qu'ils ne puissent lui faire défaut à aucun moment.

Or, c'est précisément une prévoyance analogue qui explique, d'autre part, pourquoi la nature fait un tel gaspillage des germes des individus qu'elle veut reproduire, ainsi qu'il arrive, par exemple, avec la plupart des animaux, surtout avec les poissons et les insectes, dont la plus grande partie est sacrifiée dans l'œuf à la reproduction de quelques individus seulement ; ainsi qu'il arrive aussi, et sans doute bien plus fréquemment encore, avec les plantes dont la semence est dispersée le plus souvent au hasard et à tous vents

---

(1) Lire dans *Les Voix de la raison*, à l'article intitulé « Le vertige de l'infini », les pages 256, 257 et 258.

sans presque aucune chance de germination.

Quant à l'homme, il offre assurément un exemple plus complexe, puisqu'il appartient au monde mixte que forment les deux volontés essentielles distinctes, l'éther et l'aster ; cependant encore il n'échappe point à la loi du gaspillage. Si tels et tels individus ayant telles et telles aptitudes sont nécessaires à la double évolution physique et morale de ce monde mixte, on peut être certain, en effet, qu'ils seront également créés en temps opportun par la résultante éther-aster ou Force universelle d'évolution. Si même cette force d'évolution réclame un génie supérieur pour réaliser quelque progrès considérable, on peut être certain cette fois encore que ce génie sera créé tôt ou tard par elle également en temps opportun. Néanmoins, si utile que soit positivement ce génie, l'évolution n'est pas plus à sa discrétion qu'à celle des autres individus du monde matériel ; qu'il vienne, en effet, à disparaître inopinément, l'ambiance qui l'avait créé le reproduira naturellement tôt ou tard et probablement même l'aura-t-elle déjà reproduit d'avance par mesure de prévoyance. C'est-à-dire qu'il n'importe d'aucune façon à la Nature

que ce soit Pierre plutôt que Paul qui la
serve, pourvu que tous deux aient des aptitudes égales à la servir : tout se passant, en un
mot, comme si le monde phénoménal n'était
qu'un simple moyen employé par la Nature
pour atteindre à une fin à laquelle l'individu
serait systématiquement sacrifié sans même
aucune compensation en retour.

Toutefois, si cette conclusion égoïste s'applique en toute rigueur au monde matériel,
hâtons-nous cependant d'ajouter qu'en ce qui
concerne les êtres conscients leurs organes matériels seuls la subissent, non leur âme imma-
térielle : ainsi que nous l'avons montré dans la
Genèse du Monde, la seule fin, en effet, que
poursuit la Nature consciente par son union
avec le monde matériel est la formation perpétuelle des âmes; en sorte que le monde matériel n'est qu'un simple champ de culture
animique, c'est-à-dire un moyen, non une fin,
et que s'explique dès lors logiquement l'indifférence qu'a la Nature pour la forme charnelle
elle-même des individus du monde conscient,
forme qui n'est en réalité qu'une enveloppe de
l'âme ou, si l'on veut, qu'une larve animique.

Cependant cette culture animique est une

industrie à laquelle il faut par conséquent des ouvriers spéciaux ; or, les génies créateurs ou directeurs sont précisément ces ouvriers spéciaux que la volonté morale universelle, c'est-à-dire la volonté astérielle crée elle-même de toutes pièces et arme moralement de ses propres attributs.

Ces génies sont donc ainsi, dans la mesure de leurs attributions naturelles respectives, les propres agents exécutifs de l'ordre moral universel et ce sont eux, pour cette raison, que les profanes ont de tout temps appelés des dieux, par une sorte de divination qui leur en ont dénoncé l'origine lorsqu'ils leur sont apparus avec une vertu morale transcendante.

28 janvier 1909.

Les génies créateurs ou directeurs sont les artisans contraints et forcés du progrès social ; ils sont mus par une volonté supérieure qui les inspire et les entraîne dans une activité incessante et dirigée à laquelle ils ne peuvent échapper, quelque obsession qu'ils en éprouvent, quelques déboires, quelque ingratitude qu'ils en recueillent.

LXXXVI

Du positivisme transcendant.

Quelque foi que nous puissions avoir dans la vie future, eussions-nous même la preuve scientifique formelle de sa réalité, la raison nous recommande toujours néanmoins de vivre sur la terre d'une manière rigoureusement positive, pourvu toutefois que notre positivisme s'exerce simultanément à l'égard de l'ordre matériel et à l'égard de l'ordre moral. Il faut entendre ainsi que notre activité doit équilibrer à tout instant nos facultés avec les éléments multiples de notre double ambiance physique et morale de manière que nos aspirations morales reçoivent leurs apaisements au même titre que nos appétits physiques, quoique simplement dans la mesure expresse que comporte cet équilibre général.

Or, l'un des principaux éléments de notre ambiance immédiate est incontestablement la société elle-même des hommes ; c'est pourquoi toute manifestation humaine qui trouble l'équilibre social est un crime au regard de la raison parce qu'elle occasionne fatalement des souffrances physiques ou morales à la société tout entière. Mais l'équilibre social comprend deux facteurs fondamentaux dont l'un précise les conditions de l'harmonie de sociabilité qui doit régner entre les hommes, et l'autre oriente le corps social tout entier dans son rapport d'ensemble avec les forces positives de son ambiance universelle.

Si donc les hommes ont droit à l'indépendance en tant qu'individualités nettement distinctes, ce droit reste néanmoins subordonné à leurs obligations humanitaires envers la société tout entière dont ils doivent assurer l'équilibre général par une action d'ensemble comparable en quelque sorte au flux et au reflux de l'Océan.

Ce n'est pas cependant que dans ce mouvement d'ensemble de l'Océan les molécules d'eau aient perdu leur indépendance propre. Elles peuvent, au contraire, les unes battre contre les rochers de la côte, les autres se bercer sur les lames du large au gré de leurs impulsions respectives ; mais leur activité est néanmoins essentiellement positive et dirigée par le seul souci, peut-on dire, d'établir, d'une part, leur équilibre dynamique relatif les unes par rapport aux autres et, d'autre part, l'équilibre absolu dans son ambiance universelle de l'Océan lui-même : la perpétuelle agitation de celui-ci n'ayant par conséquent pas d'autre motif que l'établissement de cet équilibre général.

Ainsi doit vivre l'homme sur la terre ; mais comme son ambiance générale est double, étant à la fois éthérielle et astérielle, c'est-à-dire matérielle et morale, son positivisme doit naturellement s'exercer de manière à respecter les lois de cette double ambiance ainsi que, au surplus, le rapport d'harmonie suivant lequel les deux volontés essentielles, l'éther et l'aster, exercent leurs actions simultanées sur lui comme d'ailleurs sur tous les êtres conscients qu'elles engendrent.

Nous qualifierons de transcendant ce positivisme général pour le distinguer du positivisme simple actuellement reconnu.

Si donc l'hypothèse de la vie future était une réalité positive, comme la raison nous permet de l'espérer et comme nos sentiments nous l'affirment, nous aurions du moins le moyen d'assurer, dès lors, par avance notre entrée normale dans cette vie future grâce à ce positivisme transcendant qu'il nous suffirait simplement d'observer, à cet effet, afin que ne s'ajoutent à notre âme aucunes tendances qui soient discordantes avec ses propres désirs essentiels.

Au reste, en quoi serait-il rationnel que la vie future comportât le sacrifice de la vie présente ?

Or, dans notre conception de la pluralité des mondes (1), la vie spirituelle consiste dans un perpétuel voyage de l'âme à travers l'infinitude des mondes essentiels dont le monde matériel, relativement à nous, ouvre simplement à son premier terme la série illimitée. On comprendrait donc mal, dans ces conditions, que l'homme se privât de bonheur plutôt dans tel monde que dans tel autre, comme aussi bien qu'il se mortifiât dans l'un pour accroître ses félicités dans le suivant ; il semble bien plus rationnel, au contraire, qu'il assure à son évolution un régime pour ainsi dire permanent qui lui procure perpétuellement un bien-être constant, ininterrompu et progressif. Or, il y peut parvenir précisément par une sage prévoyance qui

(1) Lire dans *Les Voix de la Raison* l'article : « La Pluralité des mondes et l'évolution de l'âme ».

lui fera mépriser durant sa vie terrestre toutes les félicités qui seraient de nature à troubler son équilibre moral et qui partant développeraient dans son âme des tendances discordantes avec ses désirs essentiels, tendances qui gêneraient son évolution normale dans l'autre monde et créeraient conséquemment un mal-être en elle.

Notre positivisme transcendant consiste donc simplement, en réalité, à n'accepter ni mortification physique ni mortification morale, de même, en sens contraire, à repousser tous excès de félicités physiques ou morales qui seraient de nature à troubler notre équilibre général avec notre double ambiance physique et morale ; en un mot, à vivre la vie dans un perpétuel mieux-être à la fois physique et moral qui ne fausse ni le corps ni l'âme, c'est-à-dire qui n'ajoute à l'âme que des affinités positives ou de conscience, concordant, par conséquent, avec ses désirs essentiels quoique sans occasionner pour cela aucune mortification à la chair. Au surplus, il diffère du positivisme ordinaire simplement en ce que, d'une part, au lieu d'admettre comme celui-ci les seules lois de la conscience physique pour le règlement de la vie intime et de la vie sociale de l'homme, il admet en plus les lois que dicte la conscience morale et que, d'autre part, il fait ressortir le jeu simultané des actions physiques et des actions morales à la loi essentielle d'harmonie universelle qui les retient précisément contre toute exagération de l'animalité comme aussi bien contre toute exaltation du pur idéalisme.

21 janvier 1909.

La vertu doit comprendre, entre autres sentiments, la droiture, c'est-à-dire l'honnêteté scrupuleuse, la fierté, c'est-à-dire l'estime et le respect de soi, et la noblesse, c'est-à-dire la grandeur d'âme; mais dans le commerce de la vie pratique, une trop grande exagération de ces trois sentiments impliquerait respectivement pour chacun d'eux naïveté, vanité et ingénuité.

LXXXVII

Du divin.

Non seulement toutes les maximes sont dans la Nature, comme a dit Pascal, mais aussi, pouvons-nous ajouter, toutes les lois positives.

La Nature ayant ainsi l'infinie connaissance de toutes choses, l'homme n'a rien à lui apprendre et sa science ne peut par conséquent qu'être utile à lui-même.

A ce point de vue, cette utilité est d'ailleurs incontestable, en ce sens que la science peut seule fournir à l'homme des moyens de plus en plus conformes à ses désirs essentiels, qui sont précisément de prendre un contact de plus en plus intime avec la divinité, voire même de s'incorporer spirituellement avec elle dans le but d'assurer pour lui-même le jeu indéfini de sa propre évolution ultra-éthérielle à travers la suite illimitée des mondes qui peuplent l'univers absolu.

Or, qu'est-ce que la divinité ?

Dans une acception absolue nous appellerons divinité la résultante universelle de toutes les forces qui entrent en jeu dans la Nature considérée comme formant l'universalité des mondes substantiels qui peuvent peupler l'espace infini.

Ainsi définie, cette divinité nous apparaît comme étant une puissance purement virtuelle que nous ne saurions pas plus objectiver à nos sens, quant à présent du moins, que la résultante d'une troupe d'animaux qui seraient attelés à une même résistance (1) ; elle nous apparaît, en outre, comme ayant une orientation et une intensité absolument invariables en raison de l'immutabilité qui s'attache aux lois essentielles ainsi qu'à la destinée elle-même du monde phénoménal. En sorte que cette divinité serait dépourvue de toute faculté capricieuse, c'est-à-dire de toute volonté ca-

______

(1) Dans un ouvrage suivant nous montrerons cependant qu'il est possible aujourd'hui à la raison d'accorder à Dieu, quoique envisagé comme étant la résultante de toutes les forces physiques et morales de l'univers, une individualité propre bien caractérisée et qui se dégagerait du Grand Tout universel de la même manière que l'individualité propre de l'homme, c'est-à-dire son moi spirituel, se dégage de l'ensemble des multiples associations cellulaires qui le composent.

pable d'accomplir un acte non préétabli par
l'ordre universel. Toutefois, par suite de notre
hypothèse de la pluralité des mondes (1) qui
admet l'existence dans l'espace d'une infinité
de substances essentielles distinctes, c'est-à-dire
de volontés évolutrices qui sont constituantes
d'autant de mondes également distincts et
ayant chacun leur orientation et leur intensité
propres, la résultante universelle de toute cette
infinitude de puissances évolutrices, qui n'est
autre par conséquent que la divinité elle-même
que nous venons de définir, représente en réalité tous les cas possibles et imaginables de
volontés et possède par cela même la faculté
d'exercer, en toute opportunité réglée par l'ordre
universel, toute volonté quelle qu'elle soit. Mais
si cette volonté-résultante universelle peut, dans
ces conditions, s'exercer de toutes les manières
possibles, son activité reste néanmoins sou-
mise à des lois immuables dans chacun de ses
mondes constituants, et c'est ainsi que dans
notre monde matériel elle ne saurait modifier
l'affinité de l'hydrogène pour l'oxygène ni
changer les proportions dans lesquelles cette

(1) Lire dans *Les Voix de la Raison* l'article intitulé : « La
Pluralité des mondes et l'évolution de l'âme ».

combinaison s'opère pour former de l'eau, quoique tout ce que peut vouloir l'ordre universel absolu dans ce sens soit naturellement réalisable dans l'un ou dans l'autre des mondes essentiels qui emplissent l'espace infini. En résumé, la divinité absolue, c'est-à-dire la Force universelle absolue, posséderait la toute-puissance infinie quoique restant privée de toute faculté capricieuse au dedans de chacun des mondes qui la constituent, et cela en raison précisément du caractère d'immutabilité qu'ont les lois essentielles qui régissent individuellement tous ces mondes ; en particulier, elle ne posséderait dans aucun monde le pouvoir de faire des miracles, comme, par exemple, celui qui, dans notre monde, est attribué au Dieu de la Bible, gratuitement d'ailleurs, de changer l'eau en vin.

Mais relativement à l'homme, et puisque nous supposons celui-ci formé simplement des deux substances essentielles, l'éther et l'aster, nous pouvons entendre la divinité sous une acception restreinte à la résultante des forces éthérielles et astérielles qui seules ont action sur lui, ici-bas. Quant à l'appellation « Dieu », elle s'appliquerait mieux encore, en ce cas, à la

résultante des forces morales, c'est-à-dire, dans
notre hypothèse, à la Force universelle du monde
astériel ; au surplus, à ce même propos, nous
rappellerons que dans la *Genèse du Monde* nous
avons également appelé « Dieu » *l'âme collective* de la société des âmes, c'est-à-dire l'âme
collective du monde conscient (1).

Quoi qu'il en soit, si, dans ces acceptions
diverses, la divinité reste apparemment une
puissance virtuelle, le divin implique néanmoins l'idée précise d'une action nettement
positive. Cette idée se rattache exclusivement,
en effet, à l'activité purement harmonique des
forces de la Nature, et c'est cette activité
pleinement intelligente qui met simultanément
et normalement en jeu, sans faire naître aucun
antagonisme entre elles, toutes les forces
physiques et morales de la Nature.

Or, c'est précisément par analogie que nous
disons qu'une action humaine est divine lorsqu'elle agit dans le sens même des lois et des
forces de la Nature. Mais l'homme, être socialement imparfait par défaut de préétablissement

(1) Lire dans la *Genèse du Monde* les pages 107 et 108 des
2ᵉ et suivantes éditions.

de son harmonie de sociabilité, ne peut pas toujours agir avec cette sagesse; c'est pourquoi, le plus souvent, il lui arrive, sans même le vouloir ni le savoir, de contrarier dans son activité sociale le jeu normal des forces de la Nature. Aussi appartient-il à la science de l'éclairer de plus en plus pour remédier en lui à ce défaut d'harmonie et lui permettre par conséquent d'agir socialement en meilleure conformité avec sa double conscience physique et morale, qui a précisément pour fonction essentielle de l'exhorter à accomplir normalement le progrès que réclame son évolution sociale.

Obéir étroitement à sa conscience physique et à sa conscience morale, c'est donc s'appliquer naturellement à l'exercice du divin, puisque c'est se conformer aux lois de la Nature ; le bien qui est accompli sous l'empire de la conscience morale est par conséquent une action divine comme, d'une manière générale, l'est aussi toute belle action, puisque le beau n'est qu'une généralité du bien.

Toutefois si le dentiste qui arrache une dent cariée fait le bien puisqu'il arrête la douleur, il est incontestable qu'il se substituerait mieux à la Nature et ferait par conséquent meilleure œuvre divine s'il parvenait à rendre la vie à cette dent, au point qu'elle pût se reformer d'elle-même ensuite. Néanmoins le plus que l'homme puisse faire, c'est assurément d'égaler la Nature sans qu'en aucun cas il la puisse dépasser, quelque génie qu'il ait, parce que jamais son intelligence ne saurait être supérieure à celle de la Nature.

Il faut reconnaître cependant que l'homme peut précipiter parfois l'œuvre normale d'évolution grâce à une sorte de divination qui lui permet de saisir les secrets d'un progrès qui ne doit se réaliser normalement que dans un temps très éloigné, et partant de créer par anticipation la forme phénoménale future; c'est même son aptitude à cette divination qui précise en lui ce que nous appelons le génie artistique. La forme qu'il est capable de créer ainsi est, au surplus, d'autant plus belle, non seulement parce qu'elle est d'une réalisation spontanée plus éloignée de lui dans le temps, mais surtout parce qu'elle est plus naturelle, c'est-à-dire plus susceptible d'être reproduite, telle quelle, à son heure, par la Nature. En aucun cas, en effet, l'homme ne saurait surpasser la Nature dans ses aptitudes, puisqu'il ne saurait avoir plus d'intelligence qu'elle.

Il lui est possible toutefois de dépasser, à moyens égaux, l'activité dont sont capables les êtres qui appartiennent exclusivement à l'ordre matériel en raison des avantages que lui procure sur eux sa double complexion éthérielle et astérielle ; mais, même alors, il ne peut faire jouer les forces avec plus d'intelligence que la Nature elle-même, c'est-à-dire produire des combinaisons qu'il soit impossible à celle-ci de reproduire. Il pourra bien, par exemple, créer certains sels, certaines couleurs, qui n'existent pas dans la Nature physique ; mais toujours ces corps seront susceptibles d'être reproduits également par la Nature. C'est-à-dire, en définitive, que l'homme ne pourra jamais opérer arbitrairement que certains arrangements nouveaux de molécules ou certains groupements de forces, sans qu'en aucun cas cette activité puisse par conséquent s'exercer autrement que suivant les propriétés naturelles de ces molécules ou de ces forces.

Mais si l'homme n'est pas emporté passivement par le vent éthériel et s'il possède par conséquent un libre arbitre qui lui permet d'avoir à l'égard du monde matériel une activité propre de nature à modifier parfois l'ordre normal préétabli de son évolution phénoménale, c'est qu'il peut prendre un appui sur le vent astériel et que cet appui précise ce libre arbitre relatif (1) ainsi que ses facultés d'intelligence, grâce auxquelles il peut acquérir une connaissance de plus en plus approfondie des lois de la Nature. Or, plus sa connaissance de ces lois est approfondie, plus il lui est facile de faire œuvre divine et partant de s'incorporer avec la divinité elle-même.

Toutefois nous n'entendons pas que la seule connaissance des lois scientifiques suffise à rapprocher de la divinité ; un tel rapprochement ne saurait s'accomplir, en effet, que par la pratique réelle du divin. Tel savant dont la science, je suppose, n'aurait d'autre utilité que de lui permettre de satisfaire une curiosité purement spéculative, et dont tout l'effort ne consisterait par conséquent qu'à enrichir exclusivement sa mémoire de faits positifs sans aucun profit physique ni moral pour personne,

(1) Dans un ouvrage suivant nous traiterons du « libre arbitre en général » et de la « genèse des sentiments ».

n'aurait que la valeur d'un simple appareil enregistreur sans nul autre mérite positif au regard de la divinité.

Est-ce à dire cependant qu'en nous incorporant ainsi avec la divinité nous assurions par cela même notre survie spirituelle ?

L'homme n'a pas de plus grand désir assurément que de survivre à sa mort matérielle ; aussi le problème de la survie spirituelle est-il celui qui, de tout temps, a le plus ardemment préoccupé sa raison. Mais il voudrait par-dessus tout que son moi psychique fût, en quelque sorte, une unité insécable et qu'il pût, grâce à elle, participer sans crainte de résolution spirituelle à toutes les combinaisons ultérieures auxquelles il serait astreint par l'évolution, c'est-à-dire qu'il pût passer d'un monde dans un autre, quelque forme extérieure d'ailleurs qu'il dût prendre dans ces mutations successives, sans cependant perdre ses caractères psychiques acquis, de manière que subsistent intégralement ses sentiments à l'égard des êtres qu'il affectionne.

Or, l'hypothèse matérialiste retire à tout jamais un tel espoir et la vie dans ces conditions reste par conséquent dépourvue de toute poésie ; elle n'apparaît même plus que comme un dur voyage qui consisterait, pour tous les hommes indistinctement, à partir d'un même point de départ pour y revenir dans le seul but d'admirer l'œuvre de la nature matérielle. Mais à quoi bon ce voyage, si au terminus la mort absolue doit empêcher l'homme de profiter de l'enseignement qu'il en aura reçu ? Quel intérêt la Nature aurait-elle d'ailleurs à créer dans la douleur des êtres conscients pour simplement leur montrer orgueilleusement, pourrait-on dire, et au prix d'un labeur considérable, les beautés du monde phénoménal, si cela ne devait profiter ensuite ni à ce monde ni à ces êtres ?

En admettant même que la Nature fût orgueilleuse au point de se créer exclusivement pour elle des adulateurs, comment se pourrait-il qu'elle se contentât d'être adulée par quelqu'un d'aussi éphémère que le serait l'homme s'il ne devait pas survivre spirituellement à sa vie terrestre ?

Non, tant d'inconséquence ne saurait être justement imputable à la Nature, c'est-à-dire à l'intelligence par excellence ; au surplus, nous ne saurions admettre cette chose insensée que le seul être qui justifiât toute l'activité de cette intelligence fût justement le plus éphémère, sans doute, de tous les phénomènes qui peuplent l'univers entier.

Mais d'ailleurs l'ardent désir que nous avons de survivre spirituellement à notre vie matérielle ne suffit-il pas à prouver l'existence dans l'au-delà d'un pôle qui provoquerait précisément en nous ce désir au même titre, par analogie, que la tendance qu'a l'aiguille aimantée à prendre la direction nord-sud suppose l'existence d'un pôle magnétique sur la terre ? Il apparaît, en effet, qu'au regard de l'universel absolu l'homme n'a rien en lui, ni au physique ni au moral, qui n'appartienne en propre à cet absolu et qu'il est par conséquent — quelque libre arbitre relatif qu'il possède d'ailleurs auprès de l'ordre matériel du fait de sa puissance spirituelle — le jouet de cet absolu ; toute son activité spirituelle ne saurait donc s'exercer que sous l'empire exclusif de multiples pôles qui appartiendraient aux mondes qui sont extérieurs à notre monde matériel ou, tout au moins, en ce qui concerne spécialement l'homme, qui appartiendraient au monde astériel et qui préciseraient son intelligence et ses désirs essentiels. De telle sorte que le seul fait qu'il existe en l'homme une aspiration vers l'au-delà serait ainsi la preuve positive et indubitable de l'existence de cet au-delà.

Or, il semble bien difficile au matérialisme de pouvoir rétorquer de bonne foi cet argument, surtout qu'il tient l'homme pour une simple concentration énergétique de l'ambiance matérielle et qu'il en fait par conséquent un être tout à fait passif, c'est-à-dire dépourvu de tout libre arbitre, attribuant ainsi à la seule substance éthérielle la faculté directrice, à la fois physique et psychique, que nous n'accordons, au contraire, et pour toute différence avec lui, qu'à l'absolu universel.

L'hypothèse matérialiste se trouve donc, par là, amenée face à face avec notre hypothèse de la pluralité des mondes, sans qu'aucune science positive puisse, bien au contraire, la faire rigoureusement prévaloir sur la nôtre et il est impossible par conséquent que cette hypothèse engendre une foi sincère auprès de tout esprit rigoureusement scientifique.

Mais, d'ailleurs, le matérialisme n'est-il pas en réalité bien plutôt une politique qu'une véritable doctrine? un simple mot d'ordre destiné à rallier en France l'anticléricalisme contre la puissance catholique? Il est si vrai, en effet, que le matérialisme en France vise bien plus le catholicisme dans sa puissance que dans sa doctrine, qu'il s'allie étroitement au judaïsme et au protestantisme bien que ces religions soient incomparablement plus intolérantes et plus puritaines que ne l'est le catholicisme lui-même et que son libéralisme les désapprouve bien plus encore par conséquent que celui-ci.

Au surplus, la vie de labeur qu'ont la plupart de nos grands maîtres modernes du matérialisme n'est-elle pas déjà pleinement en contradiction avec la croyance qu'ils affichent?

Cette croyance ne devrait-elle pas logiquement, en effet, les amener à ne rechercher qu'exclusivement pour eux-mêmes le bien-être immédiat et positif, ou tout au moins à ne pratiquer l'altruisme qu'autant qu'il leur serait plus profitable, à sacrifice égal, que l'égoïsme? Et pourtant il n'est pas rare que beaucoup d'entre eux accumulent œuvres sur œuvres sans autre profit matériel que celui de grandir leur nom et de conquérir l'immortalité, comme si dans la croyance matérialiste cette immortalité n'était pas un leurre en présence de l'oubli quasi-général où fatalement tout doit tomber avec le temps dans l'esprit des hommes ! Aussi cet ardent amour qu'a le matérialiste pour l'immortalité est-il bien déjà une preuve flagrante du peu de crédit qu'en son for intérieur il accorde lui-même à sa doctrine.

Quoi qu'il en soit, et à supposer même que la survie fût une utopie, si peu désirable que pût être la vie en ce cas, nous n'en devrions pas moins continuer de nous appliquer avec résignation à la pratique du divin, parce que ce serait encore la meilleure manière d'assurer notre bien-être positif et immédiat sur la terre et partant d'y justifier notre activité. Si stupide, en effet, que fût dans ces conditions notre voyage terrestre, nous devrions quand même nous laisser guider dans cette vie par la conscience physique et par la conscience morale puisque c'est précisément sous cette direction naturelle que nous serions le plus sûrement conduits au meilleur bien-être physique et moral.

Or, en cela, notre morale spiritualiste pourrait pratiquement se confondre avec la morale matérialiste, pourvu que celle-ci enseignât également que c'est seulement par la pratique rigoureuse du divin que l'homme peut atteindre aux suprêmes félicités sur la terre.

Toutefois, notre doctrine conserverait toujours sur le matérialisme l'immense avantage, d'abord de donner une raison à la vie elle-même, ensuite d'assurer à l'homme une quiétude morale que ne saurait, en aucun cas, lui accorder le matérialisme.

Mais, d'ailleurs, le matérialisme doit fatalement aboutir tôt ou tard à la négation de la vie ; il n'est pas logique, en effet, que dans cette croyance dissolvante l'homme cherche à procréer, c'est-à-dire à reproduire des êtres dont il tiendrait, par avance, la vie pour éphémère et absurde. Sa race finira donc forcément par s'éteindre peu à peu d'elle-même par une sorte de suicide inconscient dont la dépopulation sera l'une des premières phases.

Et ainsi il apparaît en toute logique rationnelle que la Nature tend à rejeter elle-même de son sein l'ivraie matérialiste, comme si elle voulait apporter par ce châtiment exemplaire la preuve flagrante de l'hérésie matérialiste.

Puisse donc cette hérésie apparaître assez à temps aux hommes pour qu'ils échappent à ce châtiment de la justice immanente et qu'une foi nouvelle les amène au culte du divin dont la pratique sincère peut seule assurer leur parfait bonheur sur la terre, comme aussi bien préparer en toute conformité de conscience leur vie future !

17 février 1909.

Pour faire œuvre divine, pour être fils de Dieu sur la terre, il faut s'incorporer en quelque sorte à la Nature et s'appliquer par conséquent à poursuivre avec elle l'œuvre d'évolution ; autrement dit, il faut travailler au maintien du bien-être normal de tous les êtres phénoménaux quels qu'ils soient: bien-être physique ou plutôt équilibre physique pour les êtres purement matériels, bien-être à la fois physique et moral pour les êtres conscients. En un mot, il faut secourir tout être conscient ou inconscient qui, de fait, se trouve, par sa faute ou non, en dehors des voies propres à son évolution normale.

ERRATA

—

Page 15, lignes 6 et 7, *au lieu de* : ... dans le monde
où se portent à l'un ceux . *lire* : .. dans le monde :
à l'un se portent ceux...

Page 21, lignes 8 et 9, *au lieu de* : ... positivement
heureux à eux-mêmes que dans ... *lire* : ... positivement heureux que dans .

Page 49, titre courant, *au lieu de* : NATURE, *lire*: MORALE.

Page 55 ligne 7, *au lieu de* : ... offensé que ... *lire* : ...
offensé de ce que..

Page 64, ligne 17, *au lieu de* : ... que celui-là doive
résulter... *lire* : ... que celui-là doit résulter ..

Page 65. ligne 16, *supprimer le mot* autrement

Page 135, ligne 7. *au lieu de* : ... d encaserner ...
lire : .. de caserner..

Page 216, lignes 15 et 16, *au lieu de* : ... toutes celles
d'ailleurs capables de ... *lire* : ... toutes celles d'ailleurs
que sont capables de . .

Page 319, ligne 18, *au lieu de* : expliqué, *lire* : appliqué.

TABLE DES MATIÈRES

www.ingramcontent.com/pod-product-compliance
Ingram Content Group UK Ltd.
Pitfield, Milton Keynes, MK11 3LW, UK
UKHW022322090726
13658UKWH00001B/14